I0539562

Copyright © 2022 LINGUAS CLASSICS

BESTACTIVITYBOOKS.COM

Alle Rechte vorbehalten. Kein Teil dieses Buches darf ohne schriftliche Genehmigung des Urheberrechtsinhabers vervielfältigt oder in irgendeiner Weise verwendet werden, mit Ausnahme der Verwendung von Zitaten in einer Buchbesprechung.

ERSTE AUSGABE - Veröffentlicht 2022

Extra Grafikmaterial von: www.freepik.com
Dank an: Alekksall, Starline, Pch.vector, Rawpixel.com, Vectorpocket, Dgim-studio, Upklyak, Macrovector, Stockgiu, Pikisuperstar & Freepik.com Designers

Kostenlose Online-Spiele Entdecken

Hier Erhältlich:

BestActivityBooks.com/FREEGAMES

5 TIPPS FÜR DEN ANFANG!

1) LÖSUNG DER RÄTSEL

Die Puzzles haben ein klassisches Format :

- Die Wörter sind ohne Abstand, Bindetrich usw… versteckt
- Richtung : vor-& rückwärts, auf & ab oder in der Diagonale (beider Richtungen)
- Die Wörter können übereinanderliegen oder sich kreuzen

2) AKTIVES LERNEN

Neben jedem Wort ist ein Abstand vorgesehen zum Aufschreiben der Übersetzung. Um ihre Kenntnisse zu überprüfen und zu erweitern befindet sich am Ende des Buches ein **WÖRTERBUCH**. Suchen sie die Übersetzungen, schreiben sie sie auf, dann können sie sie in den. Puzzles suchen und ihrem Wortschatz hinzufügen.

3) ANZEICHNUNG DER WÖRTER

Haben sie schon einmal versucht eine Anzeichnung zu verwenden? Sie könnten zum Beispiel die Wörter, die schwer zu finden sind, ankreuzen, die Wörter, die sie lieben, mit einem Stern, neue Wörter mit einem Dreieck, seltene Wörter mit einem Diamant usw … anzeichnen

4) IHR LERNEN ORGANISIEREN

Am Ende dieser Ausgabe bieten wir auch ein praktisches **NOTIZBUCH** an. Ob im Urlaub, auf Reisen oder zu Hause, sie können ihr neues Wissen ganz einfach organisieren, ohne ein zweites Notizbuch zu benötigen!

5) SIND SIE AM SCHLUSS ?

Gehen sie zum Bonusbereich : **MONSTER-HERAUSFÖRDERUNG,** um ein kostenloses Spiel zu finden, das am Ende dieser Ausgabe angeboten wird !

Lust auf mehr Spaß und **Lernaktivitäten**? **Schnell und einfach :**
eine ganze Spielbuchsammlung mit einem einzigen Klick erhaltbar :

Mit diesem Link finden sie ihre nächste Herausforderung :

BestActivityBooks.com/MeineNachsteWortsuche

Achtung, fertig, ... Los !!

Wussten sie, dass es auf der Welt ungefähr 7.000 verschiedene Sprachen gibt ? Wörter sind kostbar.

Wie lieben Sprachen und haben schwer daran gearbeitet, die Bücher von höchster Qualität für sie zu entwerfen. Unsere Zutaten ?

Eine Auswahl von angepassten Lernthemen, drei große Scheiben Spaß, dann fügen wir einen Löffel schwieriger Wörter und eine Prise seltener Wörter hinzu. Wir servieren sie mit Sorgfalt und ein Maximum an Freude, damit sie die besten Wortspiele lösen und Spaß am Lernen haben.

Ihre Meinung ist wichtig. Sie können aktiv zum Erfolg dieses Buches beitragen, indem sie uns eine Bemerkung hinterlassen. Sagen sie uns, was ihnen an dieser Ausgabe am besten gefallen hat !!

Hier ist ein kurzer Link, der sie zu ihrer Bewertungsseite führt

BestBooksActivity.com/Rezension50

Vielen Dank für ihre Hilfe und viel Spaß

Linguas Classics

1 - Gesundheit und Wellness #2

C	K	M	W	K	Y	A	S	P	O	R	T	H	K	H
I	S	C	Z	W	J	L	E	R	P	M	S	Y	A	O
D	T	U	F	A	A	L	W	G	O	D	O	G	L	S
S	T	R	E	S	S	E	Z	N	O	I	K	I	O	P
L	E	V	W	I	Q	R	X	I	R	Y	I	E	R	I
D	Q	Æ	W	X	L	G	Y	W	U	U	F	J	I	T
A	O	G	Z	Z	K	I	T	E	N	E	G	N	E	A
N	P	T	B	E	K	T	Q	E	D	X	S	E	V	L
A	E	N	E	R	G	I	U	U	T	P	Y	U	O	O
T	G	I	T	D	R	T	C	V	K	C	G	L	S	K
O	A	M	T	K	I	E	O	I	Q	S	D	N	U	S
M	S	A	V	S	V	P	G	B	S	D	O	L	B	M
I	S	T	L	R	B	P	Y	E	E	I	M	M	C	O
T	A	I	X	D	X	A	T	X	C	P	R	R	J	B
M	M	V	M	I	N	F	E	K	T	I	O	N	F	V

ALLERGI
ANATOMI
APPETIT
BLOD
KOST
ENERGI
GENETIK
SUND
VÆGT
HYGIEJNE
INFEKTION
KALORIE
HOSPITAL
SYGDOM
MASSAGE
RISICI
SOVE
SPORT
STRESS
VITAMIN

2 - Ozean

T	Q	O	N	N	B	V	E	I	A	K	O	R	A	L
B	B	J	D	M	E	L	R	V	P	B	S	A	B	A
L	Y	V	E	E	J	D	E	E	X	Å	A	K	Y	V
Æ	B	S	T	O	R	M	V	N	H	L	L	E	O	H
K	V	A	N	D	M	A	N	D	A	H	T	D	R	Q
S	K	I	K	N	Å	E	M	K	J	Z	F	D	M	R
P	O	P	H	B	S	B	S	U	C	J	D	A	D	V
R	T	K	R	A	B	B	E	B	V	Z	P	P	E	T
U	V	I	A	N	Ø	B	Ø	L	G	E	R	D	L	S
T	U	U	D	O	O	S	R	E	J	E	I	L	F	V
T	E	F	L	E	N	U	T	H	S	T	M	I	I	A
E	L	G	K	R	V	D	S	E	F	I	S	K	N	M
V	T	U	Z	E	O	A	N	Q	R	H	Q	S	G	P
X	V	Q	Q	C	D	B	N	A	F	S	N	H	W	Q
P	B	F	C	D	M	I	H	D	Y	D	A	Z	F	Y

ÅL
ØSTERS
BÅD
DELFIN
FISK
REJE
TIDEVAND
HAJ
KORAL
KRABBE
BLÆKSPRUTTE
VANDMAND
REV
SALT
SKILDPADDE
SVAMP
STORM
TUN
HVAL
BØLGER

3 - Krankheit

R	V	K	T	I	S	O	I	O	N	F	O	H	S	O
Y	F	N	E	M	U	A	E	J	E	V	T	F	U	L
G	V	O	R	M	N	B	L	T	U	F	E	T	N	V
A	G	G	A	U	D	D	E	H	R	B	C	D	I	I
K	V	L	P	N	H	O	G	S	O	E	C	I	S	V
J	Q	E	I	I	E	M	E	V	P	A	J	K	A	D
S	K	R	W	T	D	I	M	A	A	U	W	H	G	H
M	S	R	C	E	B	N	E	G	T	F	P	E	W	Q
I	C	E	O	T	Y	A	Y	G	I	L	E	V	R	A
T	M	E	N	N	V	L	W	E	L	L	N	E	S	S
S	L	F	R	E	I	G	R	E	L	L	A	T	F	N
O	L	M	A	Q	E	S	L	E	D	N	Æ	T	E	B
M	O	R	D	N	Y	S	K	S	P	I	K	E	P	E
G	E	N	E	T	I	S	K	F	Z	Z	R	F	Z	Y
B	A	K	T	E	R	I	E	L	Y	E	P	X	W	X

ABDOMINAL
ALLERGIER
SMITSOM
LUFTVEJE
BAKTERIEL
KRONISK
BETÆNDELSE
ARVELIG
GENETISK
SUNDHED
HJERTE
IMMUNITET
KNOGLER
LEGEME
NEUROPATI
SVAG
SINUS
SYNDROM
TERAPI
WELLNESS

4 - Meditation

K	U	G	N	A	A	W	L	Z	P	M	V	P	P	R
L	D	F	A	S	E	K	K	Y	Y	E	Å	E	V	O
A	K	M	T	E	U	W	W	K	W	D	G	R	F	L
R	C	K	U	Y	L	Y	K	K	E	F	E	S	R	I
H	M	X	R	T	P	G	F	N	Y	Ø	N	P	E	G
E	S	L	E	G	Æ	V	E	B	R	L	Z	E	D	M
D	V	I	K	I	W	S	R	Z	L	E	J	K	E	H
S	S	T	N	S	M	U	S	I	K	L	Y	T	H	C
Q	T	I	A	D	V	W	R	A	W	S	W	I	G	N
X	H	I	T	N	A	B	C	I	L	E	M	V	I	J
E	N	X	L	I	X	X	I	C	E	D	E	K	L	G
C	O	H	O	H	S	I	N	D	H	L	N	R	N	C
R	N	G	R	Z	E	P	Y	C	H	D	T	U	E	B
A	C	C	E	P	T	D	H	T	U	N	A	J	V	W
N	K	W	Z	O	Q	W	S	O	L	N	L	J	S	A

ACCEPT
BEVÆGELSE
INDSIGT
VENLIGHED
FRED
TANKER
MENTAL
LYKKE
KLARHED
MEDFØLELSE
MUSIK
NATUR
PERSPEKTIV
ROLIG
STILHED
SIND
VÅGEN

5 - Archäologie

J	M	R	P	Z	T	C	O	J	H	K	F	D	L	E
U	K	E	N	D	T	R	E	P	S	K	E	F	M	V
E	A	T	E	C	L	V	D	P	L	J	C	O	Y	A
F	P	K	K	M	W	O	U	T	E	N	O	S	S	L
T	B	E	K	N	Q	Z	H	C	V	T	Y	S	T	U
E	D	J	I	W	A	H	D	A	N	I	F	I	E	E
R	N	B	T	M	E	L	G	Y	N	V	P	L	R	R
K	H	O	N	G	Æ	R	A	E	P	A	B	R	I	I
O	Q	I	A	K	N	O	G	L	E	R	L	X	U	N
M	P	R	O	F	E	S	S	O	R	G	Z	Y	M	G
M	T	E	M	P	E	L	M	G	M	D	Y	J	S	H
E	F	O	R	S	K	E	R	K	N	F	T	P	G	E
R	C	I	V	I	L	I	S	A	T	I	O	N	U	D
C	I	A	Y	F	L	W	H	B	P	J	V	G	A	Z
A	U	G	V	S	T	J	H	B	U	B	S	W	C	E

ANALYSE
ANTIKKEN
EVALUERING
ÆRA
EKSPERT
FORSKER
FOSSIL
MYSTERIUM
GRAV
KNOGLER
HOLD
EFTERKOMMER
OBJEKTER
PROFESSOR
LEVN
TEMPEL
UKENDT
GLEMT
CIVILISATION

6 - Insekten

M	O	L	S	U	L	D	A	L	B	B	I	L	L	E
M	Y	G	Q	F	C	A	D	A	C	I	C	M	D	K
R	M	U	T	G	T	L	R	E	A	U	X	R	U	A
O	A	F	F	C	J	Y	K	V	E	M	Q	B	B	K
Y	R	R	N	E	G	Q	Q	T	E	N	R	O	H	E
U	I	E	R	Y	M	N	E	K	S	P	E	V	H	R
D	E	M	S	D	L	U	G	M	B	T	P	U	S	L
I	H	M	M	L	F	K	K	A	G	I	P	O	K	A
B	Ø	O	O	V	Z	R	T	N	B	M	O	Q	L	K
E	N	S	S	F	M	Ø	L	T	J	R	H	S	L	B
J	E	E	J	J	P	C	R	I	B	E	S	G	W	K
T	G	V	H	I	E	H	L	S	W	T	Æ	T	E	C
W	U	E	Q	V	B	R	T	A	D	F	R	Z	G	N
N	T	Y	C	K	U	Z	N	A	C	J	G	O	G	N
E	Z	B	F	D	Z	O	Z	I	P	C	A	Z	Q	K

MYRE
BI
BLADLUS
LOPPE
MANTIS
GRÆSHOPPE
HORNET
KAKERLAK
BILLE
LARVE
GULDSMED
MARIEHØNE
MØL
MYG
SOMMERFUGL
TERMIT
HVEPS
ORM
CICADA

7 - Gesundheit und Wellness #1

Y	I	G	V	M	B	C	K	I	N	I	L	K	A	R
H	U	Z	Z	A	H	E	C	N	J	J	K	Y	P	E
Y	R	H	K	J	F	P	H	U	O	M	H	B	O	F
N	E	R	V	E	R	S	E	A	F	G	M	Y	T	L
Y	S	H	X	B	T	C	L	X	N	P	L	M	E	E
T	H	U	D	L	Æ	G	E	A	U	D	T	E	K	K
S	K	A	D	E	F	A	N	H	P	F	L	F	R	S
T	E	R	A	P	I	K	A	Ø	B	N	F	I	Z	X
L	T	H	L	R	U	T	V	J	A	V	I	H	N	P
U	I	B	F	K	Q	I	D	D	K	I	T	N	Q	G
S	U	R	I	V	O	V	Y	E	T	K	W	S	G	Z
M	E	D	I	C	I	N	T	E	E	W	Q	E	E	J
F	R	A	K	T	U	R	Q	T	R	M	J	V	P	E
T	J	B	V	U	I	K	S	N	I	C	I	D	E	M
V	J	C	V	M	W	D	B	Y	E	O	X	Q	S	D

AKTIV
APOTEK
LÆGE
BAKTERIE
BEHANDLING
AFSLAPNING
FRAKTUR
VANE
HUD
HØJDE
SULT
KLINIK
KNOGLER
MEDICIN
MEDICINSK
NERVER
REFLEKS
TERAPI
SKADE
VIRUS

8 - Obst

N	T	F	B	N	O	X	V	C	H	T	S	G	F	I
I	E	M	K	R	H	B	B	Æ	R	J	I	I	F	X
R	A	P	J	G	O	E	W	E	Y	K	E	S	C	B
A	Y	A	P	A	P	M	X	K	W	D	S	P	K	F
T	H	E	E	R	V	M	B	U	M	G	C	K	G	Q
K	D	O	P	G	I	O	R	Æ	B	D	N	I	H	O
E	R	Æ	P	M	M	L	M	D	R	B	A	N	A	N
N	S	E	K	X	S	B	G	W	D	I	C	I	K	Y
E	O	D	A	C	O	V	A	K	W	N	I	Y	O	I
K	K	K	I	R	S	E	B	Æ	R	C	T	C	K	V
S	I	Q	G	Y	A	I	L	V	N	V	R	T	O	J
R	R	W	S	N	N	Y	K	B	O	P	O	W	S	A
E	B	V	I	F	A	L	G	M	Æ	Q	N	T	N	Z
F	A	O	R	A	N	G	E	M	E	L	O	N	Ø	S
Y	D	G	D	M	A	D	R	U	E	X	D	T	D	G

ANANAS
ÆBLE
ABRIKOS
AVOCADO
BANAN
BÆR
PÆRE
BROMBÆR
HINDBÆR
KIRSEBÆR
KIWI
KOKOSNØD
MELON
NEKTARIN
ORANGE
PAPAYA
FERSKEN
BLOMME
DRUE
CITRON

9 - Universum

G	F	T	Z	X	W	U	G	H	B	A	H	A	Z	K
N	H	G	V	F	G	C	M	R	I	S	O	S	O	R
P	U	P	O	C	W	V	B	J	L	T	R	T	D	E
H	L	O	S	E	F	K	E	C	I	R	I	R	I	D
E	A	K	S	I	M	S	O	K	H	O	S	O	A	S
N	E	S	K	A	L	A	G	F	J	N	O	N	C	L
B	R	E	D	D	E	G	R	A	D	O	N	O	H	Ø
K	U	L	D	S	S	E	X	R	S	M	T	M	A	B
H	X	E	E	G	Y	O	Q	Z	F	M	X	I	L	Æ
X	Z	T	B	P	N	N	L	K	O	Å	A	A	V	K
Y	C	U	I	G	V	Æ	L	H	T	N	O	E	K	V
T	R	H	I	M	M	E	L	I	V	E	L	W	U	A
A	T	M	O	S	F	Æ	R	E	G	E	E	A	G	T
V	V	W	Y	M	T	M	Ø	R	K	E	R	W	L	O
A	S	T	E	R	O	I	D	E	O	P	M	V	E	R

ASTEROIDE
ASTRONOM
ASTRONOMI
ATMOSFÆRE
EON
ÆKVATOR
BREDDEGRAD
MØRKE
GALAKSE
HALVKUGLE
HIMMEL
HORISONT
KOSMISK
LÆNGDE
MÅNE
KREDSLØB
SYNLIG
SOLHVERV
TELESKOP
ZODIAC

10 - Camping

O	E	N	D	N	A	R	B	H	P	Q	J	B	L	T
D	J	R	Y	Y	H	A	T	G	C	G	A	J	A	R
H	Y	N	E	O	R	Y	T	N	E	V	E	E	H	K
K	A	A	Q	F	P	G	Y	F	D	L	M	R	I	B
O	M	T	I	R	W	Y	F	S	X	C	X	G	H	B
R	Å	U	V	E	A	J	L	A	N	T	E	R	N	E
T	N	R	K	B	B	O	Y	P	O	G	J	S	R	N
Q	E	G	O	M	S	W	I	P	J	A	Ø	S	B	I
I	Z	V	M	I	T	J	J	X	K	J	K	F	Q	B
C	P	D	P	F	S	N	O	N	A	K	E	J	S	A
F	J	K	A	U	E	X	S	V	O	B	G	U	J	K
B	Y	R	S	C	V	S	O	K	S	H	N	K	Q	W
I	N	S	E	K	T	U	J	E	O	G	Æ	D	E	Z
M	Y	Z	T	E	L	T	C	S	J	V	H	W	F	N
J	M	G	G	Z	I	N	U	R	A	V	Z	X	A	X

EVENTYR
BJERG
BRAND
HÆNGEKØJE
HAT
INSEKT
JAGT
KABINE
KANO
KORT
KOMPAS
LANTERNE
MÅNE
NATUR
SØ
REB
SJOV
DYR
SKOV
TELT

11 - Zeit

Y	J	K	Å	M	H	Q	E	D	W	P	Y	K	L	S
M	P	O	R	I	E	F	Z	L	X	O	U	P	W	E
Y	X	F	T	D	Q	A	R	Y	A	B	N	C	N	X
D	A	G	I	D	Q	E	P	M	M	O	R	G	E	N
R	I	M	O	A	S	B	I	D	A	G	B	Ø	Å	R
R	F	V	P	G	B	T	Z	J	D	I	J	G	F	E
K	A	L	E	N	D	E	R	L	G	L	U	G	E	D
G	U	L	U	D	L	W	H	X	M	R	Å	G	I	E
O	K	R	D	H	P	E	J	U	R	Å	N	A	T	R
R	C	E	Q	H	R	C	H	N	P	S	N	G	S	D
T	U	N	I	M	Y	V	D	S	Z	X	L	E	D	N
H	I	E	Z	J	E	F	X	I	Q	V	L	F	D	U
D	Y	M	C	I	R	H	Z	N	N	P	E	K	S	H
Z	A	F	E	S	X	S	F	J	B	E	F	T	E	R
E	E	F	R	E	M	T	I	D	M	D	B	Q	S	Å

I GÅR
I DAG
ÅR
ÅRHUNDREDE
ÅRTI
ÅRLIG
NU
KALENDER
MINUT
MIDDAG
MÅNED
MORGEN
EFTER
NAT
TIME
DAG
UR
FØR
UGE
FREMTID

12 - Säugetiere

B	Z	H	F	S	F	I	F	L	X	T	X	A	L	G
V	Æ	R	E	G	I	T	K	D	B	H	H	C	P	I
L	A	V	H	H	E	S	T	M	D	L	W	H	N	R
B	L	L	E	U	S	B	A	P	G	T	P	Z	I	A
A	L	U	T	R	U	L	V	P	G	Y	Z	E	E	F
N	I	E	T	U	Å	C	U	P	A	R	N	B	L	R
N	R	I	O	G	E	F	E	U	D	N	Q	R	F	E
X	O	R	R	N	B	Y	R	X	L	T	T	A	C	H
A	G	Æ	Z	Æ	Æ	X	U	R	J	H	A	E	B	A
T	J	R	M	K	R	E	L	E	F	A	N	T	R	T
W	S	P	W	I	E	A	S	T	V	H	U	V	T	J
E	R	P	F	H	D	P	I	I	U	O	N	D	X	W
L	J	V	B	U	U	L	H	E	P	Y	P	X	K	W
T	W	C	U	N	O	K	C	M	V	R	S	G	V	W
L	Ø	V	E	D	E	U	F	L	I	F	H	R	M	I

ABE
BÆRE
BÆVER
ELEFANT
RÆV
GIRAF
GORILLA
HUND
KÆNGURU
PRÆRIEULV
LØVE
PANTER
HEST
ROTTE
FÅR
TYR
TIGER
HVAL
ULV
ZEBRA

13 - Algebra

F	S	O	C	F	U	V	X	H	E	B	M	F	E	L
A	U	C	P	O	E	K	A	M	A	R	G	A	I	D
L	B	H	N	R	N	V	D	R	X	E	B	K	A	L
S	T	X	Q	E	D	P	A	G	I	G	U	T	M	B
K	R	A	N	N	E	S	Ø	L	R	A	Q	O	V	T
Ø	A	X	W	K	L	U	N	Q	T	H	B	R	C	U
R	K	H	E	L	I	O	H	Z	A	D	N	E	B	O
B	T	C	K	E	G	C	L	G	M	U	S	M	L	E
L	I	G	S	R	N	L	I	N	E	Æ	R	M	Y	Q
I	O	X	P	T	I	Y	X	G	R	A	F	U	W	D
G	N	L	O	Q	N	G	Q	G	D	E	F	N	J	G
N	E	V	N	T	S	P	R	O	B	L	E	M	R	G
I	H	A	E	O	Ø	A	A	R	G	W	J	O	L	A
N	K	K	N	G	L	R	Z	F	O	R	M	E	L	H
G	C	X	T	K	T	H	C	C	K	B	Q	W	W	C

BRØK
DIAGRAM
EKSPONENT
FAKTOR
FALSK
FORMEL
LIGNING
GRAF
LINEÆR
LØSE
LØSNING
MATRIX
NUL
NUMMER
PROBLEM
SUBTRAKTION
SUM
UENDELIG
VARIABEL
FORENKLE

14 - Philanthropie

G	M	S	Q	V	H	I	S	T	O	R	I	E	B	U
E	D	L	B	O	E	V	Q	A	M	Z	X	C	M	N
N	R	Ø	B	H	M	L	I	S	B	I	K	B	B	G
E	H	N	F	E	Å	I	G	O	H	J	D	V	A	D
R	Q	X	V	B	L	D	D	Ø	Q	M	X	L	W	O
Ø	G	R	U	P	P	E	R	O	R	R	T	K	E	M
S	I	H	P	D	V	H	E	F	E	E	B	Y	D	R
I	M	L	H	J	Y	G	T	F	M	K	N	R	H	D
T	Y	A	Z	W	O	I	K	E	M	S	O	H	Z	A
E	D	B	Q	H	I	L	A	N	A	E	I	W	E	V
T	U	O	N	N	A	R	T	T	R	N	S	M	F	D
S	W	L	N	D	E	Æ	N	L	G	N	S	I	Y	R
R	Q	G	Z	E	R	B	O	I	O	E	I	P	T	G
B	W	K	N	Q	R	C	K	G	R	M	M	I	A	C
W	V	S	W	Q	H	E	V	M	P	E	I	C	R	W

BEHOV
ÆRLIGHED
HISTORIE
GLOBAL
GENERØSITET
GRUPPER
UNGDOM
BØRN
KONTAKTER
MENNESKER
MISSION
MIDLER
VELGØRENHED
OFFENTLIG
PROGRAMMER
DONERE
MÅL

15 - Diplomatie

L	D	R	E	T	F	Æ	R	D	I	G	H	E	D	T
Ø	E	I	D	I	S	K	U	S	S	I	O	N	V	R
S	H	L	P	H	U	M	A	N	I	T	Æ	R	A	A
N	R	S	U	L	Z	I	Q	X	V	C	N	V	M	K
I	E	V	T	J	O	J	K	G	Q	Q	Y	I	B	T
N	K	I	D	B	X	M	S	Y	U	Z	E	X	A	A
G	K	D	K	S	D	N	A	L	N	E	D	U	S	T
O	I	U	C	Y	H	Y	X	T	A	K	X	X	S	K
R	S	E	X	K	Y	M	L	X	I	H	X	Q	A	O
P	Q	R	U	U	E	T	I	K	A	S	H	A	D	N
S	R	E	V	I	G	D	Å	R	I	K	K	S	Ø	F
R	E	G	E	R	I	N	G	K	T	E	A	H	R	L
B	N	R	F	Æ	L	L	E	S	S	K	A	B	X	I
X	E	O	P	O	L	I	T	I	K	C	D	X	Y	K
Z	M	B	I	N	T	E	G	R	I	T	E	T	C	T

UDENLANDSK
RÅDGIVER
AMBASSADØR
BORGERE
DIPLOMATISK
DISKUSSION
ETIK
FÆLLESSKAB
RETFÆRDIGHED
HUMANITÆR
INTEGRITET
KONFLIKT
LØSNING
POLITIK
REGERING
SIKKERHED
SPROG
TRAKTAT

16 - Astronomie

M	N	A	S	W	P	T	A	S	T	R	O	N	O	M
U	H	S	U	W	T	E	D	I	O	R	E	T	S	A
Q	P	T	P	O	B	L	N	K	O	M	E	T	G	O
L	L	R	E	U	G	E	F	Å	P	K	T	T	R	D
N	A	O	R	N	D	S	F	H	M	R	A	K	E	T
I	N	N	N	I	R	K	A	Y	Z	V	Z	J	G	I
H	E	A	O	V	R	O	M	P	Y	R	O	W	J	U
S	T	U	V	E	T	P	E	X	O	N	D	R	O	J
T	T	T	A	R	E	A	Z	T	B	P	I	V	K	O
W	H	J	J	S	T	I	L	L	E	T	A	S	P	K
N	Z	M	E	Z	S	Z	W	F	V	M	C	Z	M	O
W	M	U	I	R	O	T	A	V	R	E	S	B	O	S
C	B	T	O	O	N	N	E	B	U	L	A	M	L	M
Y	I	A	U	U	A	E	H	I	M	M	E	L	H	O
K	O	N	S	T	E	L	L	A	T	I	O	N	N	S

ASTEROIDE
ASTRONAUT
ASTRONOM
JORD
HIMMEL
KOMET
KONSTELLATION
KOSMOS
METEOR
MÅNE
NEBULA
OBSERVATORIUM
PLANET
RAKET
SATELLIT
STJERNE
SUPERNOVA
TELESKOP
ZODIAC
UNIVERS

17 - Ballett

R	U	D	T	R	Y	K	S	F	U	L	D	E	K	G
V	Y	M	Z	Z	U	I	C	Y	Z	K	P	K	O	E
D	J	T	E	T	I	S	N	E	T	N	I	U	M	N
E	A	A	M	B	U	U	G	X	M	T	Y	N	P	E
H	F	N	I	E	I	M	Z	H	O	E	N	S	O	R
G	W	I	S	I	B	F	R	X	P	K	D	T	N	A
I	M	R	S	E	L	O	A	B	K	N	E	N	I	L
D	U	E	Q	K	R	R	C	L	I	I	F	E	S	P
R	S	L	Y	R	P	E	M	C	D	K	U	R	T	R
Æ	K	L	C	L	I	T	S	O	L	O	L	I	Q	Ø
F	L	A	X	B	D	S	Z	T	K	D	D	S	C	V
C	E	B	R	G	K	E	U	A	F	D	T	K	H	E
B	R	V	V	G	C	K	P	U	B	L	I	K	U	M
K	O	R	E	O	G	R	A	F	I	Y	J	V	J	R
I	U	B	E	H	K	O	G	E	S	T	U	S	M	A

YNDEFULD
BIFALD
UDTRYKSFULDE
BALLERINA
KOREOGRAFI
FÆRDIGHED
GESTUS
INTENSITET
KOMPONIST
KUNSTNERISK

MUSIK
MUSKLER
ORKESTER
GENERALPRØVE
PUBLIKUM
RYTME
SOLO
STIL
DANSERE
TEKNIK

18 - Geologie

L	F	D	U	Q	A	T	L	G	J	H	Q	U	O	K
S	A	Y	J	M	Y	U	S	A	J	U	V	V	T	O
S	A	V	T	N	T	A	U	R	U	L	K	P	P	N
T	L	L	A	V	R	E	L	A	R	E	N	I	M	T
A	N	O	T	L	C	T	R	M	S	Z	O	S	F	I
L	V	R	L	Æ	Q	A	W	Y	H	R	I	T	O	N
A	T	I	T	K	A	L	A	T	S	A	S	E	S	E
G	K	F	Y	S	L	P	Z	O	N	E	O	N	S	N
M	O	L	O	D	V	Z	C	C	H	G	R	A	I	T
I	R	G	U	R	K	V	A	R	T	S	E	K	L	E
T	A	L	Y	O	P	G	F	E	I	G	K	L	R	W
T	L	C	L	J	Y	C	S	S	M	I	L	U	Q	T
E	S	M	E	L	T	E	T	J	V	F	V	V	G	F
R	V	J	T	D	O	X	I	E	V	Z	Y	U	S	F
C	A	L	C	I	U	M	Q	G	M	L	S	N	L	N

JORDSKÆLV
EROSION
FOSSIL
SMELTET
GEJSER
HULE
CALCIUM
KONTINENT
KORAL
LAVA
MINERALER
PLATEAU
KVARTS
SALT
SYRE
STALAGMITTER
STALAKTIT
STEN
VULKAN
ZONE

19 - Wissenschaft

J	T	Q	K	S	D	A	W	X	O	L	M	E	O	F
H	Y	D	L	W	U	P	R	Z	A	A	O	K	R	A
H	N	F	O	S	S	I	L	A	X	B	L	S	G	K
Y	G	N	I	L	K	I	V	D	U	O	E	P	A	T
P	D	I	W	F	L	O	C	L	U	R	K	E	N	U
O	E	D	O	T	E	M	B	G	Y	A	Y	R	I	M
T	K	R	K	Z	O	Z	I	E	A	T	L	I	S	D
E	R	E	L	A	R	E	N	I	M	O	E	M	M	A
S	A	P	L	A	N	T	E	R	I	R	R	E	E	T
E	F	K	E	M	I	S	K	M	L	I	U	N	R	A
E	T	F	Y	S	I	K	Q	M	K	U	Y	T	M	Y
T	X	H	R	A	I	E	Z	O	J	M	O	T	A	P
R	Y	M	N	E	V	P	B	K	F	K	A	G	P	N
P	A	R	T	I	K	L	E	R	J	O	F	B	C	B
U	P	Z	I	U	M	E	N	B	C	I	E	K	L	B

ATOM
KEMISK
DATA
UDVIKLING
EKSPERIMENT
FOSSIL
HYPOTESE
KLIMA
LABORATORIUM
METODE
MINERALER
MOLEKYLER
NATUR
ORGANISME
PARTIKLER
PLANTER
FYSIK
TYNGDEKRAFT
FAKTUM

20 - Bildende Kunst

F	O	T	O	G	R	A	F	I	P	M	L	I	F	K
L	A	K	S	T	E	N	C	I	L	A	K	Z	Q	R
D	U	L	C	N	O	B	G	F	X	L	Z	F	E	E
M	E	S	T	E	R	V	Æ	R	K	E	G	Y	O	A
K	U	N	S	T	N	E	R	A	W	R	T	E	L	T
V	K	R	P	E	N	A	W	C	U	I	N	N	S	I
B	L	Y	A	N	T	R	U	T	P	L	U	K	S	V
K	R	I	D	T	O	K	Z	P	I	E	K	R	K	I
W	K	C	K	X	E	I	N	W	W	F	M	S	O	T
T	Y	F	E	N	E	T	N	Z	O	F	C	P	V	E
L	E	R	R	O	V	E	M	I	W	A	P	K	A	T
T	A	C	A	T	N	K	N	O	W	T	J	C	W	M
E	K	I	M	V	I	T	K	E	P	S	R	E	P	G
V	Z	O	I	W	N	U	P	O	R	T	R	Æ	T	G
W	F	X	K	J	J	R	T	R	Æ	K	U	L	U	O

ARKITEKTUR
BLYANT
FILM
FOTOGRAFI
MALERI
TRÆKUL
KERAMIK
KREATIVITET
KRIDT
KUNSTNER
LAK
MESTERVÆRK
PERSPEKTIV
PORTRÆT
STENCIL
SKULPTUR
STAFFELI
PEN
LER
VOKS

21 - Mythologie

N	Q	P	O	J	T	A	W	E	W	D	D	P	J	P
O	V	K	V	A	A	O	D	Ø	D	E	L	I	G	M
R	B	Z	Y	L	D	R	R	C	T	M	H	W	U	I
B	L	W	M	O	F	V	S	D	H	U	E	I	J	Q
A	Y	J	B	U	Æ	D	K	S	E	E	D	Q	Y	U
H	Æ	V	N	S	R	R	J	P	T	N	N	K	C	D
S	H	K	E	I	D	B	O	H	C	Y	E	V	E	Ø
G	Y	J	P	J	K	S	I	G	A	M	R	A	S	D
F	F	S	Y	G	R	U	T	L	U	K	E	K	L	E
V	O	O	T	N	I	R	Y	B	A	L	F	U	E	L
L	H	Z	E	E	G	W	J	F	S	C	M	H	B	I
Y	E	C	K	S	E	A	K	Z	J	W	U	Y	A	G
N	L	P	R	Æ	R	Z	S	K	L	T	I	R	K	H
G	T	T	A	V	N	E	L	X	R	Q	R	E	S	E
K	A	T	A	S	T	R	O	F	E	W	T	U	A	D

ARKETYPE
LYN
TORDEN
JALOUSI
HELT
KATASTROFE
SKABELSE
VÆSEN
KRIGER
KULTUR
LABYRINT
SAGN
MAGISK
UHYRE
HÆVN
STYRKE
DØDELIG
TRIUMFERENDE
UDØDELIGHED
ADFÆRD

22 - Restaurant #2

U	L	B	V	U	F	R	R	Q	H	L	I	R	R	C
U	U	J	F	Q	R	K	S	I	F	U	N	E	I	E
S	Æ	B	L	W	U	A	N	U	D	L	E	R	P	W
I	K	G	A	C	G	G	W	Z	Z	O	P	E	W	G
J	W	E	X	W	T	E	V	I	A	T	P	K	O	R
F	R	O	K	O	S	T	Z	Z	R	S	U	K	E	Ø
D	Q	J	F	D	W	F	Y	M	E	T	S	Æ	S	N
T	J	E	N	E	R	E	N	D	I	R	H	L	V	T
L	R	I	Z	H	D	R	I	K	R	D	N	V	H	S
A	D	C	T	Y	N	X	L	J	E	G	D	B	N	A
S	R	V	M	S	A	H	I	T	D	A	F	A	N	G
H	C	N	I	A	V	X	G	V	D	F	D	N	G	E
Y	O	W	T	L	M	S	U	J	Y	F	W	B	L	R
U	L	N	Q	A	I	J	I	P	R	E	V	W	K	N
D	S	W	T	T	Y	P	B	Y	K	L	Q	M	H	U

MIDDAG
ÆG
IS
FISK
FRUGT
GAFFEL
GRØNTSAGER
DRIK
KRYDDERIER
TJENEREN
LÆKKER
KAGE
SKE
FROKOST
NUDLER
SALAT
SALT
STOL
SUPPE
VAND

23 - Ökologie

V	B	I	W	B	M	J	E	Q	I	N	A	W	N	O
Q	E	J	Z	X	T	S	K	T	K	Q	K	A	A	V
Z	E	G	E	H	G	E	N	I	R	A	M	R	T	E
V	Q	F	E	R	R	C	A	M	I	L	K	E	U	R
O	D	I	Y	T	G	L	T	V	P	T	A	S	R	L
H	C	S	M	M	A	E	U	Z	N	G	C	S	L	E
A	R	O	L	F	O	T	R	D	C	X	G	O	I	V
B	E	S	Y	P	A	S	I	I	K	H	Y	U	G	E
I	T	R	A	P	K	W	E	O	D	Z	U	R	C	L
T	N	G	L	O	B	A	L	N	N	Y	A	C	R	S
A	A	N	U	A	F	N	O	A	K	B	H	E	J	E
T	L	B	Æ	R	E	D	Y	G	T	I	G	R	W	Y
K	P	F	Æ	L	L	E	S	S	K	A	B	E	R	I
B	B	O	A	J	Q	T	Ø	R	K	E	E	T	J	F
F	R	I	V	I	L	L	I	G	E	J	D	O	Z	C

ART
BJERGE
TØRKE
FAUNA
FLORA
FRIVILLIGE
FÆLLESSKABER
GLOBAL
KLIMA
HABITAT
MARINE
BÆREDYGTIG
NATUR
NATURLIG
PLANTER
RESSOURCER
MOSE
OVERLEVELSE
VEGETATION

24 - Schokolade

O	N	P	C	I	N	G	R	E	D	I	E	N	S	R
P	L	H	A	V	A	R	O	M	A	G	N	A	R	T
S	Æ	X	C	Z	L	E	M	A	R	A	K	I	E	A
K	K	X	A	V	Q	D	F	C	K	M	X	T	K	N
R	K	E	O	M	Y	D	F	A	U	S	Q	K	K	T
I	E	T	A	T	J	Ø	H	G	V	E	F	Q	U	I
F	R	E	V	I	D	N	B	B	J	O	U	K	S	O
T	G	T	K	I	U	D	U	W	M	H	R	S	H	X
D	G	I	P	Q	A	R	V	N	L	U	M	I	M	I
P	U	L	V	E	R	O	S	P	U	J	R	T	T	D
O	D	A	W	A	U	J	J	Ø	N	V	N	O	G	A
Q	O	V	H	A	I	T	J	L	D	E	Z	S	W	N
K	O	K	O	S	N	Ø	D	X	J	X	A	K	U	T
K	A	L	O	R	I	E	R	Q	Q	G	G	E	H	L
N	B	A	C	W	M	J	U	B	I	T	T	E	R	I

ANTIOXIDANT
AROMA
BITTER
JORDNØDDER
EKSOTISK
FAVORIT
SMAG
CACAO
KALORIER
KARAMEL
KOKOSNØD
LÆKKER
PULVER
KVALITET
OPSKRIFT
SØD
TRANG
SUKKER
INGREDIENS

25 - Boote

F	C	L	N	A	T	M	R	S	E	O	S	Ø	T	B
Q	L	D	W	N	Ø	A	E	E	R	J	C	Y	H	Ø
V	J	O	Z	K	M	N	D	J	E	B	B	E	C	J
H	E	Y	D	E	M	D	N	L	B	F	M	G	A	E
O	E	Y	S	R	E	S	I	B	O	Q	O	R	Y	N
Y	A	L	T	I	R	K	N	Å	E	C	C	Æ	W	B
R	H	G	L	P	F	A	G	D	S	V	H	F	N	N
K	A	J	A	K	L	B	S	T	Y	G	A	K	W	W
C	X	U	R	N	Å	G	B	T	L	P	V	V	J	Z
O	K	J	K	K	D	D	Å	N	A	U	T	I	S	K
D	B	R	J	A	E	Y	D	O	P	V	S	B	R	B
B	E	N	U	Z	N	G	W	B	I	C	A	R	U	X
S	F	Y	I	C	Q	O	N	H	R	P	M	X	R	G
B	C	E	L	B	T	A	J	O	Q	M	S	E	M	W
B	Ø	L	G	E	R	O	T	O	M	G	F	U	K	Q

ANKER
BØJE
MANDSKAB
DOCK
FÆRGE
TØMMERFLÅDE
FLOD
KAJAK
KANO
MAST
HAV
MOTOR
NAUTISK
OCEAN
REDNINGSBÅD
SØ
SEJLBÅD
REB
BØLGER
YACHT

26 - Stadt

L	K	A	O	Y	M	E	W	A	I	R	E	G	A	B
U	G	D	G	F	N	U	J	H	F	I	Z	F	X	I
F	U	D	C	Q	R	R	S	L	R	V	S	Z	O	B
T	R	E	B	X	J	N	Q	E	U	Y	U	S	M	L
H	D	B	S	O	Q	I	P	T	U	O	P	A	B	I
A	B	N	I	K	J	I	F	O	I	M	E	L	J	O
V	Y	I	P	O	T	G	U	H	U	K	R	O	B	T
N	B	K	V	O	G	E	L	O	K	S	M	N	O	E
Q	H	W	I	Z	B	R	A	B	P	T	A	O	G	K
I	R	E	L	L	A	G	A	T	P	N	R	I	H	I
E	O	P	O	I	N	J	O	F	E	D	K	D	A	N
S	B	J	D	E	K	R	A	M	T	R	E	A	N	I
U	N	I	V	E	R	S	I	T	E	T	D	T	D	L
T	A	P	O	T	E	K	O	A	S	U	H	S	E	K
R	E	S	T	A	U	R	A	N	T	R	H	J	L	H

APOTEK
BANK
BAGERI
BIBLIOTEK
BOGHANDEL
LUFTHAVN
GALLERI
HOTEL
BIOGRAF
KLINIK
MARKED
MUSEUM
RESTAURANT
SALON
SKOLE
STADION
SUPERMARKED
TEATER
UNIVERSITET
ZOO

27 - Aktivitäten

E	Y	D	Z	E	D	J	E	B	R	A	E	V	A	H
S	N	A	D	Y	K	E	Z	N	B	F	D	A	V	F
L	Y	K	E	I	I	S	Z	Z	Q	S	D	K	A	O
E	Æ	N	E	B	G	W	L	E	M	L	F	T	N	T
J	V	S	I	R	E	L	A	M	C	A	I	I	D	O
Ø	W	R	N	N	A	S	G	A	S	P	S	V	R	G
N	X	V	L	I	G	M	N	V	P	N	K	I	I	R
R	H	W	B	N	N	Q	I	I	I	I	E	T	N	A
O	Å	J	E	F	D	G	P	K	L	N	R	E	G	F
F	N	A	K	L	N	B	M	S	V	G	I	T	S	E
T	D	G	D	M	M	B	A	H	K	V	M	B	L	R
U	V	T	C	A	D	Y	C	B	L	A	H	W	F	I
C	Æ	S	W	G	S	T	R	I	K	N	I	N	G	N
N	R	R	U	I	R	F	F	F	R	I	T	I	D	G
Z	K	D	J	K	U	N	S	T	Y	Q	H	D	F	H

AKTIVITET
FISKERI
CAMPING
AFSLAPNING
FOTOGRAFERING
FRITID
HAVEARBEJDE
MALERI
JAGT
KERAMIK
KUNST
HÅNDVÆRK
LÆSNING
MAGI
SYNING
SPIL
STRIKNING
DANS
FORNØJELSE
VANDRING

28 - Bienen

X	J	V	H	B	U	D	S	S	H	P	P	B	U	P
K	Z	D	A	O	G	E	Z	J	O	X	L	L	G	I
G	X	M	V	K	C	H	L	C	N	T	A	O	X	P
G	M	R	E	I	Y	G	W	B	N	G	N	M	H	Z
I	A	Æ	V	G	K	I	U	T	I	J	T	S	C	R
V	N	V	W	N	S	D	G	R	N	R	E	T	R	U
B	P	S	N	E	L	L	O	P	G	E	R	E	Ø	I
H	L	K	E	L	H	O	F	R	U	G	T	R	G	A
A	O	O	L	K	I	F	D	R	O	N	N	I	N	G
B	S	V	M	Q	T	G	A	D	R	I	B	A	D	E
I	C	Z	X	S	N	N	Z	A	E	V	I	H	D	R
T	P	P	M	V	T	A	Y	Y	H	M	O	P	Z	Y
A	P	H	X	E	N	M	E	T	S	Y	S	O	K	Ø
T	Y	A	V	X	L	I	T	V	K	E	E	I	A	L
N	Z	P	A	U	B	E	S	T	Ø	V	E	R	V	Y

BESTØVER
HIVE
BLOMSTER
BLOMST
VINGER
FRUGT
HAVE
HONNING
INSEKT
DRONNING
HABITAT
ØKOSYSTEM
PLANTER
POLLEN
RØG
SVÆRM
SOL
MANGFOLDIGHED
GAVNLIG
VOKS

29 - Wissenschaftliche Disziplinen

Y	C	B	X	O	S	Y	A	R	W	Y	N	G	Z	W
L	D	I	G	O	L	O	Æ	K	R	A	E	E	O	Z
I	G	O	L	O	N	U	M	M	I	E	U	O	O	U
M	H	K	I	N	A	T	O	B	M	D	R	L	L	E
P	W	E	S	A	T	I	Y	W	S	L	O	O	O	L
D	X	M	K	I	N	A	K	E	M	L	L	G	G	J
T	K	I	N	U	J	A	J	W	F	A	O	I	I	X
B	I	O	L	O	G	I	T	C	U	R	G	G	C	T
I	A	W	D	H	M	I	G	O	L	O	I	S	Y	F
P	K	I	M	A	N	Y	D	O	M	R	E	T	B	G
S	O	C	I	O	L	O	G	I	A	I	K	E	M	I
A	Q	P	V	L	I	N	G	V	I	S	T	I	K	H
A	S	T	R	O	N	O	M	I	G	O	L	O	K	Ø
K	I	N	E	S	I	O	L	O	G	I	U	X	C	T
M	I	N	E	R	A	L	O	G	I	O	Z	B	S	Y

ANATOMI
ARKÆOLOGI
ASTRONOMI
BIOKEMI
BIOLOGI
BOTANIK
KEMI
GEOLOGI
IMMUNOLOGI
KINESIOLOGI
LINGVISTIK
MEKANIK
MINERALOGI
NEUROLOGI
ØKOLOGI
FYSIOLOGI
SOCIOLOGI
TERMODYNAMIK
ZOOLOGI

30 - Vögel

V	R	K	H	R	S	P	U	R	V	O	R	F	Y	E
V	I	D	U	E	G	I	J	Æ	Y	C	X	P	L	Q
N	I	S	Q	T	U	W	X	G	B	B	B	S	A	K
X	M	K	S	U	O	P	Q	N	H	T	N	V	A	R
H	S	U	R	P	I	C	B	I	W	H	A	A	X	O
H	E	L	G	U	B	Y	P	L	H	S	K	N	P	T
Z	D	J	R	J	I	S	D	L	T	D	I	E	X	S
B	N	M	R	R	T	W	O	Y	G	M	L	J	S	O
H	A	I	U	E	G	Å	M	K	L	O	E	Ø	E	B
V	S	U	V	E	D	V	H	J	K	C	P	G	G	G
P	Å	F	U	G	L	R	O	Z	W	M	P	E	Y	M
S	G	N	S	A	N	N	Q	Ø	J	M	D	P	U	J
K	Ø	S	M	R	J	I	D	H	R	G	O	A	F	P
G	G	W	E	K	V	B	P	F	P	N	L	P	P	S
F	L	A	M	I	N	G	O	H	V	Z	N	V	Y	I

ØRN
ÆG
AND
UGLE
FLAMINGO
GÅS
KYLLING
KRAGE
GØG
MÅGE
PAPEGØJE
PELIKAN
PÅFUGL
PINGVIN
RAVN
HEJRE
SVANE
SPURV
STORK
DUE

31 - Biologie

E	G	O	P	L	A	N	T	E	R	M	W	A	F	K
Z	I	C	V	P	A	T	T	E	D	Y	R	N	O	R
N	L	E	C	Y	B	I	D	J	N	I	N	A	T	O
O	R	R	N	K	O	L	L	A	G	E	N	T	O	M
M	U	T	A	T	I	O	N	E	F	S	O	O	S	O
R	T	S	R	F	P	X	O	I	U	O	R	M	Y	S
O	A	Y	Y	W	O	R	F	E	L	M	U	I	N	O
H	N	Q	D	M	R	S	O	G	F	S	E	C	T	M
N	Z	G	B	Y	B	F	T	T	C	O	N	V	E	E
K	X	R	Y	Z	B	I	H	E	E	Q	X	Q	S	X
R	I	G	R	N	Z	P	O	W	R	I	I	V	E	T
M	F	A	K	E	F	Z	C	S	J	Q	N	H	A	E
W	S	Y	N	A	P	S	E	Y	E	N	E	R	V	E
U	D	V	I	K	L	I	N	G	C	E	L	L	E	T
K	N	Y	X	B	T	N	K	O	P	U	R	P	A	B

ANATOMI
KROMOSOM
FOSTER
ENZYM
UDVIKLING
HORMON
KOLLAGEN
MUTATION
NATURLIG
NERVE
NEURON
OSMOSE
PLANTER
FOTOSYNTESE
PROTEIN
KRYBDYR
PATTEDYR
SYMBIOSE
SYNAPSE
CELLE

32 - Garten

E	S	E	H	A	I	G	S	B	O	B	L	G	Y	L
H	J	Z	E	D	H	R	F	K	Æ	M	A	R	S	H
K	Æ	F	G	N	R	Æ	L	F	O	N	F	Æ	V	T
F	Z	N	N	A	S	S	D	D	X	V	K	S	U	B
H	U	P	G	R	E	V	A	H	F	D	L	P	J	Y
Z	E	I	C	E	K	P	M	J	T	U	N	L	E	O
F	V	E	K	V	K	L	N	O	Y	G	R	Æ	E	F
G	A	R	A	G	E	Ø	Z	R	A	K	I	N	S	O
K	H	U	P	U	V	C	J	D	V	I	A	E	S	U
M	T	K	J	S	I	Z	N	E	N	M	D	G	A	Y
U	G	R	Q	X	R	P	P	R	E	I	Z	N	R	Z
V	U	U	Z	O	Y	N	I	L	O	P	M	A	R	T
Q	R	D	W	D	W	A	P	D	E	K	O	L	E	Y
Q	F	T	S	M	O	L	B	P	T	G	H	S	T	A
I	K	I	E	I	M	G	O	X	S	I	T	R	Æ	E

BÆNK
TRÆ
BLOMST
JORD
BUSK
GARAGE
HAVE
GRÆS
HÆNGEKØJE
FRUGTHAVE

GRÆSPLÆNE
RIVE
SKOVL
SLANGE
DAM
TERRASSE
TRAMPOLIN
UKRUDT
VERANDA
HEGN

33 - Antarktis

Ø	E	R	Q	V	M	Z	P	G	I	K	S	E	E	S
H	A	L	V	Ø	I	J	I	F	A	R	G	O	E	G
M	J	M	J	W	L	E	R	K	V	G	R	O	S	I
Q	I	F	I	Y	J	V	K	I	A	V	Y	B	L	E
R	F	N	G	G	Ø	S	N	B	N	A	H	M	E	K
O	A	Q	E	V	R	V	C	J	D	V	E	J	R	S
N	R	E	I	R	U	A	W	B	C	Z	L	L	A	P
R	G	V	X	W	A	F	T	G	U	B	G	S	V	E
I	O	I	I	N	A	L	R	I	X	O	U	T	E	D
D	P	U	V	N	I	N	E	K	O	Z	F	E	B	I
J	O	V	M	D	D	M	K	R	S	N	L	N	X	T
R	T	W	Z	P	E	I	S	R	H	O	I	E	H	I
B	R	N	R	U	T	A	R	E	P	M	E	T	I	O
T	N	E	N	I	T	N	O	K	G	X	M	R	O	N
Z	V	K	U	J	A	Z	F	T	B	I	V	P	P	J

BUGT
IS
BEVARELSE
EKSPEDITION
STENET
FORSKER
GEOGRAFI
HALVØ
ØER
KONTINENT

MIGRATION
MINERALER
TEMPERATUR
TOPOGRAFI
MILJØ
FUGLE
VAND
VEJR
VIND

34 - Fahren

T	U	U	H	H	N	P	L	E	N	N	U	T	K	B
K	R	J	D	T	B	O	A	I	K	R	H	C	O	I
P	D	A	X	D	Z	L	S	U	B	K	Z	G	R	L
Y	E	T	F	O	K	I	T	G	P	O	Y	Q	T	C
A	M	N	P	I	Z	T	B	Z	D	H	O	L	L	R
B	T	Q	S	Q	K	I	I	U	V	I	Y	P	U	T
B	R	T	R	Z	W	S	L	G	A	R	A	G	E	F
G	O	E	H	A	S	T	I	G	H	E	D	O	P	O
L	P	N	M	M	O	T	O	R	C	Y	K	E	L	T
G	S	U	E	S	G	I	V	T	L	I	C	E	N	S
A	N	Z	G	S	E	N	F	A	R	E	K	E	M	D
S	A	W	L	E	S	R	A	V	D	A	Z	B	V	N
W	R	X	M	D	M	O	T	O	R	R	U	F	Q	Æ
X	T	S	I	K	K	E	R	H	E	D	R	N	N	R
S	U	I	T	M	B	B	I	U	F	K	V	G	O	B

BIL
BREMSER
BRÆNDSTOF
BUS
GARAGE
GAS
FARE
HASTIGHED
KORT
LICENS

LASTBIL
MOTOR
MOTORCYKEL
POLITI
SIKKERHED
TRANSPORT
TUNNEL
ULYKKE
TRAFIK
ADVARSEL

35 - Physik

H	E	L	Y	K	E	L	O	M	A	B	J	F	B	M
F	A	L	P	I	F	R	H	X	C	Z	V	P	W	A
L	R	S	E	T	J	A	P	A	C	B	V	W	X	S
O	O	E	T	K	L	E	S	R	E	V	I	N	U	S
B	T	T	K	I	T	I	H	I	L	K	A	O	S	E
E	O	V	S	V	G	R	T	I	E	M	P	J	M	V
P	M	J	I	O	E	H	O	A	R	E	A	Y	Y	A
F	O	R	M	E	L	N	E	N	A	K	R	Q	P	R
Q	T	R	E	M	W	Y	S	D	T	A	T	H	S	I
O	A	S	K	L	N	K	A	H	I	N	I	O	J	A
T	Æ	T	H	E	D	Z	G	L	O	I	K	A	R	B
W	N	B	U	T	V	M	P	U	N	K	E	W	C	E
M	A	G	N	E	T	I	S	M	E	H	L	E	U	L
X	K	R	E	K	S	P	E	R	I	M	E	N	T	R
J	M	L	Q	N	L	D	J	K	E	S	F	O	T	U

ATOM
ACCELERATION
KAOS
KEMISK
TÆTHED
ELEKTRON
EKSPERIMENT
FORMEL
FREKVENS
GAS
HASTIGHED
MAGNETISME
MASSE
MEKANIK
MOLEKYLE
MOTOR
PARTIKEL
UNIVERSEL
VARIABEL

36 - Bücher

S	P	S	I	D	E	J	P	U	H	P	E	T	T	F
K	S	I	P	E	L	H	F	M	U	O	V	H	R	O
R	S	E	R	I	E	D	Y	B	M	E	E	A	A	R
I	Q	W	Y	C	T	R	X	B	O	S	N	Y	G	T
V	H	I	S	T	O	R	I	E	R	I	T	J	I	Æ
E	R	T	W	S	C	E	R	H	I	H	Y	I	S	L
T	H	E	S	K	S	S	A	U	S	I	R	J	K	L
L	I	T	T	E	R	Æ	R	Z	T	I	B	W	Y	E
K	W	I	G	T	J	L	G	N	I	L	M	A	S	R
Y	V	L	I	N	A	M	O	R	S	G	F	Y	V	P
U	F	A	D	O	G	F	B	Q	K	F	Y	Y	V	W
T	V	U	W	K	S	I	R	O	T	S	I	H	Z	C
L	C	D	O	M	X	I	R	O	H	K	F	Y	A	I
O	P	F	I	N	D	S	O	M	F	K	K	Q	B	Z
I	U	Z	L	I	C	T	I	M	H	W	O	Q	W	O

EVENTYR
FORFATTER
DUALITET
EPISK
OPFINDSOM
FORTÆLLER
DIGT
HISTORIE
SKRIVET
HISTORISK
HUMORISTISK
SAMLING
KONTEKST
LÆSER
LITTERÆR
POESI
ROMAN
SIDE
SERIE
TRAGISK

37 - Menschlicher Körper

B	D	O	J	W	C	O	V	R	E	H	T	O	J	T
K	E	N	R	E	J	H	H	I	C	O	G	N	I	U
V	C	Æ	Å	G	T	E	J	Z	I	M	U	N	D	N
E	Z	S	Y	H	L	S	K	U	L	D	E	R	E	G
X	U	E	T	R	E	J	H	D	V	W	Q	Z	V	E
B	S	R	N	Z	K	C	N	D	J	K	Q	N	O	K
I	G	Ø	E	R	N	Q	H	H	M	X	A	A	H	E
P	A	S	E	G	A	H	B	M	Q	Q	D	P	I	A
N	Y	O	Y	O	N	C	W	E	A	F	D	L	A	N
K	U	I	Y	G	G	I	Q	K	N	B	J	A	L	S
Q	L	S	P	K	Z	J	F	T	L	K	U	S	B	I
S	B	L	O	D	E	J	M	B	L	Æ	N	K	U	G
I	E	A	D	C	M	D	H	U	D	B	N	V	E	T
S	X	H	O	Q	H	A	H	L	R	E	N	Q	T	D
J	P	M	Z	W	J	T	D	S	R	D	J	U	O	Y

BEN
BLOD
ALBUE
FINGER
HJERNE
ANSIGT
HALS
HÅND
HUD
HJERTE
KÆBE
HAGE
KNÆ
ANKEL
HOVED
MUND
NÆSE
ØRE
SKULDER
TUNGE

38 - Agronomie

Ø	Ø	V	Æ	K	S	T	O	F	F	B	G	V	U	E
J	K	K	G	S	Z	X	A	R	O	Æ	R	I	N	R
L	J	O	O	Q	W	J	F	U	R	R	Ø	D	D	O
I	O	Z	L	L	T	Z	A	R	U	E	N	E	E	S
M	R	W	N	O	O	T	R	A	R	D	T	N	R	I
C	D	I	O	V	G	G	X	L	E	Y	S	S	S	O
Y	A	J	I	N	N	I	I	T	N	G	A	K	Ø	N
S	M	V	T	R	I	V	S	Z	I	T	G	A	G	P
S	Y	R	K	O	N	A	I	K	N	I	E	B	E	L
I	Y	G	U	J	D	N	J	I	G	G	R	U	L	A
B	L	A	D	T	Ø	D	E	N	E	R	G	I	S	N
Q	O	R	O	O	G	U	R	B	D	N	A	L	E	T
Q	A	Y	R	L	M	Y	L	M	X	O	N	Y	S	E
U	J	O	P	S	O	M	A	D	N	U	X	I	G	R
J	T	N	D	E	U	R	E	M	E	T	S	Y	S	Z

JORD
GØDNING
ENERGI
EROSION
GRØNTSAGER
SYGDOMME
LANDBRUG
RURAL
BÆREDYGTIG
ØKOLOGISK
ØKOLOGI
PLANTER
PRODUKTION
UNDERSØGELSE
SYSTEMER
MILJØ
FORURENING
VÆKST
VAND
VIDENSKAB

39 - Landschaften

I	N	R	O	I	K	X	Q	S	H	G	C	W	H	H
D	O	L	F	M	S	F	C	H	D	A	R	Z	U	U
V	A	N	A	T	Z	B	U	O	M	Q	L	P	L	A
F	S	T	L	Y	M	D	J	H	S	N	A	V	E	P
F	E	V	U	L	K	A	N	E	U	E	D	Z	Ø	B
G	C	F	S	C	G	O	T	A	R	D	N	U	T	V
U	N	P	Y	M	T	L	B	T	E	G	A	S	Ø	E
G	N	L	U	Z	W	K	X	S	S	R	R	N	F	S
Y	V	C	G	H	B	P	R	E	J	S	T	E	L	G
V	A	N	D	F	A	L	D	T	E	L	S	K	Y	R
W	B	A	K	K	E	H	K	T	G	U	B	R	Z	E
V	H	A	V	L	M	C	J	Z	B	A	D	Ø	M	J
O	H	L	F	V	S	V	B	S	E	D	V	F	Q	B
F	Z	P	A	S	F	N	V	O	A	Y	G	S	P	J
L	Q	U	L	Z	L	A	K	J	Q	S	U	M	P	K

BJERG
ISBJERG
FLOD
GEJSER
GLETSJER
BUGT
HALVØ
HULE
BAKKE
HAV
OASE
SØ
STRAND
SUMP
DAL
TUNDRA
VULKAN
VANDFALD
ØRKEN

40 - Abenteuer

U	M	G	M	R	E	S	J	E	R	F	S	M	B	F
W	D	E	H	R	E	K	K	I	S	A	K	U	P	O
I	Y	F	Q	Y	F	J	O	E	F	R	Ø	L	X	R
H	J	K	L	O	H	I	S	P	F	L	N	I	T	B
Y	D	U	S	U	A	U	S	E	D	I	H	G	A	E
N	A	T	U	R	G	Y	E	P	P	G	E	H	P	R
A	Q	D	M	T	R	T	L	A	Z	L	D	E	P	E
A	K	T	I	V	I	T	E	T	N	C	A	D	E	D
V	A	N	S	K	E	L	I	G	H	E	D	N	R	E
O	V	E	R	R	A	S	K	E	N	D	E	V	H	L
K	X	C	N	U	F	H	O	I	X	G	C	W	E	S
U	U	N	X	R	M	N	C	N	W	N	L	R	D	E
E	J	A	P	E	G	I	L	N	A	V	D	Æ	S	U
L	F	H	N	A	V	I	G	A	T	I	O	N	D	T
H	E	C	Z	N	P	J	B	V	E	N	N	E	R	E

AKTIVITET
UDFLUGT
CHANCE
GLÆDE
VENNER
FARLIG
MULIGHED
NATUR
NAVIGATION
NY
REJSER
REJSEPLAN
SKØNHED
VANSKELIGHED
SIKKERHED
TAPPERHED
USÆDVANLIG
OVERRASKENDE
FORBEREDELSE

41 - Flugzeuge

N	M	H	P	R	O	P	E	L	L	E	R	L	K	P
A	Q	I	C	F	K	D	T	P	L	B	I	X	O	A
V	H	S	N	E	L	U	B	R	U	T	H	Q	N	S
I	M	T	P	I	L	O	T	F	U	L	V	S	S	S
G	O	O	S	Z	E	E	R	Æ	F	S	O	M	T	A
E	T	R	K	Y	M	D	L	C	B	C	Y	W	R	G
R	O	I	D	K	M	E	N	H	R	L	O	F	U	E
E	R	E	Y	G	I	S	G	R	Æ	G	C	L	K	R
S	Z	V	X	S	H	I	J	T	N	A	L	R	T	V
B	A	L	L	O	N	G	R	B	D	I	H	W	I	L
H	B	A	K	S	D	N	A	M	S	W	U	T	O	W
V	Ø	K	G	N	I	N	M	A	T	S	F	A	N	Z
E	I	J	A	N	M	B	K	H	O	B	R	I	N	T
J	O	V	D	P	P	H	X	R	F	G	B	I	Q	D
R	G	Q	P	E	E	V	E	N	T	Y	R	E	T	R

EVENTYR
AFSTAMNING
ATMOSFÆRE
BALLON
BRÆNDSTOF
MANDSKAB
DESIGN
HISTORIE
HIMMEL
HØJDE
KONSTRUKTION
LUFT
MOTOR
NAVIGERE
PASSAGER
PILOT
PROPELLER
TURBULENS
BRINT
VEJR

42 - Haartypen

I	E	R	F	D	N	A	S	L	B	S	O	R	T	S
T	Ø	R	G	H	P	H	T	Ø	S	L	K	E	L	Q
R	E	K	R	Ø	L	L	E	R	L	U	O	G	Z	M
O	B	G	S	U	N	D	V	P	V	V	I	N	Y	D
K	R	W	L	P	F	N	R	O	W	A	L	I	D	V
Y	U	O	D	Ø	Q	Y	A	B	H	X	P	N	Ø	Y
T	N	F	G	Y	B	T	F	P	I	T	F	T	L	W
F	A	R	R	R	L	X	M	W	T	L	K	E	B	L
S	A	R	Å	X	F	G	T	E	T	T	E	L	F	A
X	V	J	A	I	Z	G	Z	F	E	R	O	F	P	N
U	J	G	N	P	W	H	V	I	D	O	D	S	W	G
P	H	S	Y	K	G	M	M	N	L	J	C	Z	M	Z
K	R	Ø	L	L	E	T	X	W	A	R	K	A	D	A
G	D	L	M	Q	L	V	J	R	K	I	K	Y	X	Y
C	R	P	X	A	B	M	T	K	S	T	X	R	H	H

BLOND
BRUN
TYK
TYND
FARVET
FLETTET
SUND
GRÅ
SKALDET
KORT
LANG
KRØLLER
KRØLLET
SORT
SØLV
TØR
BLØD
HVID
BØLGET
FLETNINGER

43 - Essen #1

A	E	M	L	M	C	Y	K	I	D	Z	W	H	J	L
S	S	A	L	A	T	L	A	S	X	E	K	V	G	S
A	U	P	U	Q	T	H	I	A	T	A	N	I	P	S
N	K	K	L	Æ	M	R	J	E	F	D	A	D	U	T
A	P	P	K	W	M	Y	U	F	A	P	E	L	F	B
P	X	O	M	E	F	F	A	K	S	O	O	Ø	C	A
L	Æ	G	X	E	R	K	A	N	E	L	J	G	I	S
P	E	R	Æ	B	D	R	O	J	V	V	O	Ø	T	I
C	R	A	E	O	R	J	A	M	J	U	R	L	R	L
O	R	B	P	G	U	L	E	R	O	D	D	X	O	I
O	E	T	P	O	K	F	J	H	A	M	N	O	N	K
M	D	I	U	F	U	B	Z	F	I	V	Ø	S	U	U
Y	I	V	S	N	J	Y	Y	T	U	F	D	O	Q	M
A	A	T	A	B	K	B	N	E	A	H	Q	L	T	X
C	A	K	Ø	D	Y	I	M	D	M	W	N	F	Q	X

BASILIKUM
PÆRE
JORDBÆR
JORDNØD
KØD
KAFFE
GULEROD
HVIDLØG
MÆLK
MAJROE

SAFT
SALAT
SALT
SPINAT
SUPPE
TUN
KANEL
CITRON
SUKKER
LØG

44 - Gebäude

L	G	F	M	U	N	I	V	E	R	S	I	T	E	T
A	O	B	S	E	R	V	A	T	O	R	I	U	M	K
B	B	H	D	H	K	M	Y	K	B	H	O	T	E	L
O	E	D	A	S	S	A	B	M	A	E	X	D	X	B
R	V	F	V	K	G	Z	L	J	U	L	B	Y	W	K
A	T	N	N	O	I	D	A	T	S	R	Q	K	S	A
T	O	Å	M	L	L	K	D	H	O	S	T	E	L	B
O	H	T	R	E	M	I	E	M	U	S	E	U	M	I
R	O	E	V	N	G	L	V	M	K	K	T	P	H	N
I	S	A	X	B	F	A	R	G	O	I	B	V	O	E
U	P	T	Y	D	E	K	R	A	M	R	E	P	U	S
M	I	E	G	Å	R	D	I	A	W	B	W	B	S	T
C	T	R	K	U	J	D	B	X	G	A	Z	W	I	E
H	A	F	Q	U	N	K	G	S	E	F	L	L	J	L
M	L	E	W	P	E	B	K	Z	S	O	F	K	Y	T

GÅRD
AMBASSADE
FABRIK
GARAGE
HOSTEL
HOTEL
KABINE
BIOGRAF
HOSPITAL
LABORATORIUM
MUSEUM
OBSERVATORIUM
LADE
SKOLE
STADION
SUPERMARKED
TEATER
TÅRN
UNIVERSITET
TELT

45 - Mode

M	H	K	E	S	X	R	K	S	I	T	K	A	R	P
O	T	K	N	K	O	M	F	O	R	T	A	B	E	L
D	Ø	C	D	A	S	H	F	N	E	N	R	Z	L	O
E	J	F	P	X	P	L	V	R	D	A	P	Y	H	V
R	T	R	E	N	D	P	R	U	O	G	R	O	D	E
N	I	J	C	S	I	Z	E	I	R	E	H	R	I	R
E	L	J	K	U	Z	I	O	R	B	L	Y	I	E	K
B	L	O	N	D	M	L	U	E	K	E	B	G	U	O
D	T	J	E	X	O	F	O	T	S	S	O	I	V	M
A	O	O	D	G	P	P	W	S	I	W	U	N	G	M
S	H	X	E	S	U	W	Q	N	M	M	T	A	T	E
J	A	J	K	H	T	C	V	Ø	P	V	I	L	L	L
K	Z	O	S	R	R	I	K	M	E	G	Q	Q	Z	I
L	Z	M	E	N	L	Y	L	O	L	X	U	Y	O	G
I	Q	C	B	T	E	K	S	T	U	R	E	Y	F	Y

BESKEDEN
BOUTIQUE
SIMPEL
ELEGANT
OVERKOMMELIG
TØJ
KOMFORTABEL
MODERNE
MØNSTER
ORIGINAL
PRAKTISK
BLOND
BRODERI
STIL
STOF
KNAPPER
DYRT
TEKSTUR
TREND

46 - Essen #2

S	E	Æ	B	L	E	W	T	F	P	A	K	Z	K	Z
I	K	S	I	F	J	E	S	C	G	S	Y	Z	T	W
R	B	I	R	E	L	L	E	S	L	P	J	O	A	N
S	G	R	N	K	O	C	Z	M	I	A	M	Y	H	C
H	C	P	O	K	O	K	S	I	T	R	A	A	R	W
L	B	D	S	C	E	O	J	Y	S	G	M	C	V	W
I	B	Ø	C	D	C	T	E	K	O	E	A	A	C	S
V	T	R	U	H	G	O	Y	F	D	S	N	V	H	C
M	B	B	I	L	Æ	F	L	N	K	A	D	B	O	Z
K	I	R	S	E	B	Æ	R	I	F	L	E	A	K	L
A	W	K	E	D	M	T	O	M	A	T	L	N	O	B
J	I	K	L	E	N	I	G	R	E	B	U	A	L	S
B	O	A	F	V	R	C	M	L	U	C	J	N	A	P
W	R	T	I	H	H	E	W	V	T	L	X	T	D	E
W	U	Q	Z	Y	K	V	B	I	R	X	S	U	E	F

ÆBLE
ARTISKOK
AUBERGINE
BANAN
BROCCOLI
BRØD
ÆG
FISK
YOGHURT
OST
KIRSEBÆR
MANDEL
SVAMP
RIS
SKINKE
CHOKOLADE
SELLERI
ASPARGES
TOMAT
HVEDE

47 - Energie

S	A	F	O	T	S	D	N	Æ	R	B	J	N	I	E
G	Z	O	R	G	P	F	A	I	K	G	E	L	N	L
G	S	R	O	T	O	M	O	J	H	V	A	P	D	E
N	V	N	T	K	S	I	R	T	K	E	L	E	U	K
N	D	Y	X	I	K	Y	B	E	O	K	I	Y	S	T
I	H	E	Y	L	M	K	V	N	L	N	P	O	T	R
Z	K	L	G	N	I	N	E	R	U	R	O	F	R	O
B	A	I	N	C	L	G	L	W	B	L	R	O	I	N
S	R	G	I	L	J	V	E	I	R	E	T	T	A	B
L	S	I	Z	C	Ø	K	G	S	C	C	N	S	E	H
V	Y	P	N	G	D	Z	D	I	E	S	E	L	O	K
V	A	R	E	T	T	U	R	B	I	N	E	U	S	W
I	L	R	B	J	L	C	A	T	I	C	V	K	O	N
N	V	T	M	F	Q	L	H	Z	S	F	B	L	L	T
D	N	S	H	E	E	Q	A	T	K	Z	F	I	L	S

BATTERI
BENZIN
BRÆNDSTOF
DIESEL
ELEKTRISK
ELEKTRON
ENTROPI
FORNYELIG
VARME
INDUSTRI
KULSTOF
MOTOR
FOTON
SOL
TURBINE
MILJØ
FORURENING
BRINT
VIND

48 - Familie

T	Z	V	O	A	V	Y	S	W	B	K	L	I	K	S
J	A	E	G	I	L	R	E	D	A	F	D	Y	F	N
K	Y	N	G	G	Q	C	A	X	R	O	M	E	K	E
U	G	R	T	Z	G	J	O	N	N	T	G	Q	G	V
K	R	A	F	E	C	E	I	N	E	V	B	R	H	Ø
M	O	D	N	R	A	B	U	B	B	B	R	B	I	E
P	M	N	L	A	E	J	T	A	A	Q	O	N	B	J
D	E	A	E	F	F	T	C	R	R	D	R	W	P	L
D	T	M	K	E	O	V	S	N	N	L	E	E	V	B
X	S	W	N	T	R	X	E	Ø	G	G	T	B	L	B
Z	D	Z	O	S	F	T	R	S	S	N	T	O	W	J
T	E	P	D	D	A	F	D	O	W	E	Æ	T	F	G
F	B	O	L	E	D	C	Ø	Y	F	D	F	A	M	C
H	M	B	C	B	E	J	M	D	A	T	T	E	R	W
U	F	V	Z	L	R	S	L	Y	T	M	B	S	Z	Q

BROR
KONE
MAND
BARNEBARN
BEDSTEMOR
BEDSTEFAR
BARN
BARNDOM
MOR
MØDRES

NEVØ
NIECE
ONKEL
SØSTER
TANTE
DATTER
FAR
FADERLIG
FÆTTER
FORFADER

49 - Pflanzen

N	J	P	B	O	J	R	D	N	E	B	D	E	V	Q
I	Y	E	S	X	X	O	K	K	R	K	U	F	Z	S
K	A	K	T	U	S	D	W	I	Y	F	X	S	F	B
G	R	O	R	S	T	F	F	N	G	N	R	S	K	M
Ø	O	O	U	T	M	M	X	A	N	X	Y	E	G	F
D	L	U	J	Y	N	O	I	T	A	T	E	G	E	V
N	F	B	Ø	N	N	E	L	O	T	M	G	C	G	T
I	H	H	W	M	O	X	O	B	A	A	O	L	P	R
N	S	R	Y	T	S	K	O	V	L	B	M	S	H	Æ
G	G	R	Æ	S	S	M	P	O	Ø	A	O	S	A	J
V	L	Æ	E	C	Y	W	Q	W	V	M	V	P	V	W
Q	W	B	F	A	W	C	S	X	P	B	E	D	E	L
K	R	O	N	B	L	A	D	Z	U	U	B	R	C	U
K	H	B	Q	O	U	L	S	L	Q	S	A	I	L	I
C	H	Q	T	B	S	P	T	E	X	E	D	L	A	C

BAMBUS
TRÆ
BÆR
BLOMST
KRONBLAD
BØNNE
BOTANIK
BUSK
GØDNING
VEDBEND

FLORA
HAVE
GRÆS
KAKTUS
URT
LØV
MOS
VEGETATION
SKOV
ROD

50 - Kunst

I	S	V	C	M	S	C	Z	X	N	M	W	H	L	S
N	Y	I	L	A	N	I	G	I	R	O	S	U	J	K
S	M	S	R	K	S	I	M	A	R	E	K	M	P	R
P	B	U	U	Y	K	J	C	P	X	Q	U	Ø	E	E
I	O	E	Q	R	T	O	E	D	E	K	L	R	R	Æ
R	L	L	P	T	N	J	M	D	R	L	P	Y	S	R
E	N	M	E	D	S	U	S	P	D	A	T	W	O	L
R	X	X	F	U	U	B	I	D	L	U	U	D	N	I
E	N	H	Z	F	Y	W	L	B	I	E	R	P	L	G
T	R	E	I	R	E	L	A	M	K	B	K	F	I	D
F	N	Q	Q	V	O	E	E	F	S	A	D	S	G	L
P	O	E	S	I	U	V	R	K	U	K	J	T	S	F
V	Q	F	P	I	J	S	R	L	F	S	R	D	N	K
V	E	K	E	B	K	W	U	J	X	F	K	A	V	O
V	G	N	I	N	T	Æ	S	N	E	M	M	A	S	G

UDTRYK
ÆRLIG
SIMPEL
EMNE
MALERIER
INSPIRERET
KERAMISK
KOMPLEKS
ORIGINAL
PERSONLIG
POESI
SKILDRE
SKABE
SKULPTUR
HUMØR
SURREALISME
SYMBOL
VISUEL
SAMMENSÆTNING

51 - Gewürze

L	U	U	Q	P	W	V	Z	S	L	B	L	A	V	B
W	T	C	O	X	E	H	Y	I	A	Z	W	E	F	O
G	L	A	E	V	N	B	N	N	M	L	G	A	M	S
L	Ø	G	D	E	E	N	E	A	E	M	T	K	F	U
P	X	G	N	J	K	P	M	R	E	T	T	I	B	R
H	V	I	D	L	Ø	G	M	F	M	L	M	R	R	X
K	U	A	Ø	I	W	B	O	E	M	A	U	P	I	S
D	A	N	S	N	F	B	K	N	O	K	S	A	F	V
I	F	N	S	A	Z	G	S	N	M	R	K	P	H	M
J	B	H	E	V	L	X	D	I	E	I	A	Z	V	D
L	R	S	Z	L	Q	V	I	K	D	D	T	Q	L	L
I	N	G	E	F	Æ	R	P	E	R	S	N	A	D	K
U	N	O	R	F	F	A	S	L	A	O	Ø	I	L	B
L	T	R	O	P	H	Z	S	A	K	J	D	V	M	N
T	K	A	R	R	Y	J	W	A	Q	Z	A	J	B	A

ANIS
BITTER
KARRY
FENNIKEL
SMAG
INGEFÆR
KARDEMOMME
HVIDLØG
SPIDSKOMMEN
LAKRIDS
MUSKATNØD
PAPRIKA
PEBER
SAFFRON
SALT
SUR
SØD
VANILJE
KANEL
LØG

52 - Kreativität

F	Æ	R	D	I	G	H	E	D	R	H	I	Æ	S	K
E	F	M	P	B	Z	H	D	N	E	E	N	G	P	L
S	W	O	F	B	Y	N	U	O	N	U	D	T	O	A
I	N	S	P	I	R	A	T	I	O	N	T	H	N	R
D	I	D	O	P	M	S	C	T	I	X	R	E	T	H
K	U	N	S	T	N	E	R	I	S	K	Y	D	A	E
Y	S	I	A	E	M	O	D	U	I	O	K	I	N	D
R	P	F	S	T	G	S	R	T	V	Y	J	J	Q	Q
T	E	P	T	I	S	A	T	N	A	F	P	N	Y	S
D	C	O	A	S	T	E	T	I	L	A	T	I	V	X
U	V	X	Z	N	D	R	A	M	A	T	I	S	K	B
R	E	S	L	E	L	Ø	F	V	B	I	D	E	E	R
N	R	T	Z	T	F	L	U	I	D	I	T	E	T	E
O	B	Y	X	N	B	I	L	L	E	D	E	C	T	R
Y	N	Z	U	I	S	E	N	S	A	T	I	O	N	G

UDTRYK
ÆGTHED
BILLEDE
DRAMATISK
INDTRYK
OPFINDSOM
FÆRDIGHED
FLUIDITET
FØLELSER
IDEER
INSPIRATION
INTENSITET
INTUITION
KLARHED
KUNSTNERISK
FANTASI
SENSATION
SPONTAN
VISIONER
VITALITET

53 - Geschäft

A	L	T	V	U	Q	J	V	J	E	M	E	G	Z	S
T	R	A	C	R	S	A	L	G	N	D	Y	G	T	K
U	M	B	N	T	G	E	P	S	U	V	Q	X	R	A
L	K	A	E	T	S	O	K	I	R	B	A	F	A	T
A	O	R	N	J	I	G	K	V	E	J	T	B	N	T
V	N	A	E	A	D	N	U	A	R	D	R	B	S	E
K	T	C	G	L	G	S	D	J	A	C	S	U	A	R
A	O	B	N	G	Z	E	G	K	V	U	P	T	K	V
R	R	T	E	G	O	R	R	I	O	T	R	I	T	Y
R	C	B	P	R	O	F	I	T	V	M	I	K	I	S
I	M	U	Ø	K	O	N	O	M	I	E	S	Y	O	Y
E	C	D	K	B	X	F	G	S	D	M	R	T	N	W
R	I	G	N	I	R	E	T	S	E	V	N	I	R	B
E	R	E	D	J	E	B	R	A	D	E	M	Z	O	X
N	C	T	I	S	C	Z	U	W	B	F	S	Z	U	G

ARBEJDSGIVER
BUDGET
KONTOR
INDKOMST
FABRIK
PENGE
BUTIK
PROFIT
INVESTERING
KARRIERE
KOSTE
MANAGER
MEDARBEJDER
RABAT
SKATTER
TRANSAKTION
SALG
VARER
VALUTA
ØKONOMI

54 - Ingenieurwesen

M	K	O	N	S	T	R	U	K	T	I	O	N	T	N
R	O	T	G	Q	B	G	H	O	Q	D	A	K	S	E
B	W	T	N	Z	P	N	A	F	U	J	Y	V	E	B
D	A	P	O	V	T	I	V	Æ	S	K	E	B	N	G
P	I	I	G	R	E	N	E	B	L	Z	U	M	D	U
F	H	S	I	J	T	G	O	D	I	E	S	E	L	E
R	Å	D	T	G	I	E	S	T	Y	R	K	E	S	N
E	N	I	G	R	L	R	M	Å	L	I	N	G	T	I
M	D	A	Y	E	I	E	G	E	A	R	Q	K	R	K
D	T	G	C	T	B	B	V	I	N	K	E	L	U	S
R	A	R	P	E	A	X	U	K	A	H	I	H	K	A
I	G	A	A	M	T	X	J	T	Z	N	R	P	T	M
F	T	M	Z	A	S	K	D	P	I	U	I	W	U	X
T	B	F	U	I	L	M	E	G	X	O	C	I	R	G
J	H	T	P	D	Q	E	E	F	K	T	N	N	R	B

AKSE
FREMDRIFT
BEREGNING
DIAGRAM
DIESEL
DIAMETER
ENERGI
VÆSKE
GEAR
HÅNDTAG
KONSTRUKTION
MASKINE
MÅLING
MOTOR
STABILITET
STYRKE
STRUKTUR
DYBDE
DISTRIBUTION
VINKEL

55 - Gemüse

E	H	G	U	V	K	S	R	P	D	W	A	I	Z	Z
G	R	Æ	S	K	A	R	A	I	E	N	H	N	U	Z
Ø	A	B	L	M	K	M	B	L	K	D	V	G	Q	F
L	D	B	U	A	J	Q	L	M	A	C	I	E	Y	J
A	O	I	Z	J	X	H	O	W	Y	T	D	F	L	N
A	R	W	M	R	W	X	M	S	Z	R	L	Æ	L	W
U	E	T	U	O	V	F	K	R	P	Æ	Ø	R	E	P
B	L	A	I	E	I	T	Å	V	M	I	G	V	F	E
E	U	M	R	S	N	M	L	C	A	L	N	H	F	R
R	G	O	E	O	K	D	U	T	V	O	E	A	O	S
G	J	T	L	B	R	O	I	G	S	C	V	K	T	I
I	R	Z	L	R	U	K	K	X	W	C	I	J	R	L
N	P	O	E	D	G	A	L	B	A	O	L	S	A	L
E	M	X	S	I	A	J	D	Z	F	R	O	F	K	E
E	H	K	I	S	X	F	M	O	D	B	Q	N	C	I

ARTISKOK
AUBERGINE
BLOMKÅL
BROCCOLI
ÆRT
AGURK
INGEFÆR
GULEROD
KARTOFFEL
HVIDLØG
GRÆSKAR
OLIVEN
PERSILLE
SVAMP
MAJROE
SALAT
SELLERI
SPINAT
TOMAT
LØG

56 - Schönheit

I	F	J	P	G	T	T	F	A	R	V	E	D	N	A
E	L	E	G	A	N	C	E	M	R	A	H	C	Y	Q
X	H	T	D	Z	E	K	M	Z	N	U	K	Q	S	I
S	X	T	P	Y	G	D	R	E	L	L	Ø	R	K	T
L	H	J	Q	G	O	D	E	S	I	J	V	Y	Z	B
Æ	C	A	M	R	T	X	T	X	P	R	W	T	B	L
B	Y	R	M	O	O	I	K	I	T	E	M	S	O	K
E	T	A	A	P	F	P	U	S	A	I	J	I	S	Y
S	U	C	M	N	O	C	D	A	L	L	E	L	A	S
T	D	S	D	Å	J	O	O	E	G	O	Z	Y	K	T
I	F	A	U	D	U	H	R	G	E	Q	H	T	S	W
F	J	M	F	E	D	U	P	R	B	C	X	S	G	B
T	W	O	T	W	F	Q	E	L	E	G	A	N	T	T
W	M	Z	X	S	Q	R	J	O	J	B	Z	Q	T	C
F	X	L	T	M	Y	U	N	T	A	N	L	D	S	O

NÅDE
CHARME
DUFT
ELEGANT
ELEGANCE
FARVE
FOTOGEN
GLAT
HUD
KOSMETIK
LÆBESTIFT
KRØLLER
OLIER
PRODUKTER
SAKS
SHAMPOO
SPEJL
STYLIST
MASCARA

57 - Tanzen

K	T	L	I	W	C	Q	Z	L	H	L	J	X	L	X
B	O	E	S	H	E	T	E	E	S	N	X	D	V	J
E	M	R	N	R	P	S	V	G	K	U	L	T	U	R
V	W	U	E	D	Å	N	Ø	E	H	B	J	J	R	R
Æ	G	T	S	O	H	U	R	M	W	O	F	N	B	Y
G	L	L	L	P	G	K	P	E	K	B	P	L	E	T
E	Æ	U	E	A	G	R	L	N	X	W	D	P	E	M
L	D	K	L	R	V	S	A	A	Y	X	Z	F	E	E
S	E	I	Ø	T	D	R	R	F	V	I	S	U	E	L
E	L	S	F	N	F	U	E	U	I	D	Z	Q	C	O
Q	I	U	C	E	N	B	N	M	E	Y	I	X	O	L
I	G	M	U	R	Y	M	E	A	K	A	D	E	M	I
X	C	I	R	B	Q	Y	G	D	X	H	I	U	X	M
I	B	P	U	D	T	R	Y	K	S	F	U	L	D	E
K	L	A	S	S	I	S	K	V	L	Z	O	I	S	Q

AKADEMI
NÅDE
UDTRYKSFULDE
BEVÆGELSE
KOREOGRAFI
FØLELSE
GLÆDELIG
KLASSISK
LEGEME
KULTUR
KULTUREL
KUNST
MUSIK
PARTNER
GENERALPRØVE
RYTME
HOPPE
VISUEL

58 - Ernährung

K	U	L	H	Y	D	R	A	T	E	R	M	E	R	P
B	I	T	T	E	R	O	A	V	A	S	R	W	Y	U
G	K	V	A	L	I	T	E	T	I	T	E	P	P	A
N	R	U	M	N	P	G	Y	J	B	S	Q	Q	G	T
M	E	K	B	X	W	Æ	Q	H	T	F	V	N	D	E
T	C	I	I	F	U	V	K	A	L	O	R	I	E	R
S	U	N	D	G	O	F	T	S	K	T	E	M	H	E
O	A	R	H	A	Æ	N	J	A	T	S	N	A	D	C
K	S	O	A	M	U	R	C	F	T	S	I	T	N	N
F	S	K	Q	S	R	X	I	F	Q	G	E	I	U	A
S	P	I	S	E	L	I	G	N	W	N	T	V	S	L
X	S	W	T	O	K	S	I	N	G	I	O	Z	P	A
P	E	M	L	J	S	S	E	L	T	R	R	H	R	B
D	B	C	W	B	K	O	M	N	D	Æ	P	F	C	F
F	O	R	D	Ø	J	E	L	S	E	N	J	J	V	A

APPETIT
AFBALANCERET
BITTER
KOST
SPISELIG
GÆRING
SMAG
SUND
SUNDHED
KORN

VÆGT
KALORIER
KULHYDRATER
NÆRINGSSTOF
PROTEINER
KVALITET
SAUCE
TOKSIN
FORDØJELSE
VITAMIN

59 - Länder #1

F	E	G	R	O	N	B	R	P	O	I	L	D	W	Q
E	I	E	N	U	W	H	N	R	E	M	M	T	Z	E
G	B	N	N	V	M	N	P	Q	K	F	U	X	G	N
Y	R	E	L	K	I	Æ	X	W	C	A	N	A	D	A
P	A	I	K	A	R	I	N	P	O	L	E	N	N	J
T	S	N	M	A	N	T	E	I	V	Q	N	C	A	D
E	I	A	Q	I	E	D	I	N	E	S	I	V	L	O
N	L	P	H	G	I	X	D	V	T	N	C	E	T	B
U	I	S	Z	X	L	Q	N	F	Y	M	A	N	E	M
H	E	X	E	P	A	M	I	W	S	R	R	E	L	A
M	N	E	F	Z	T	E	A	Y	K	W	A	Z	Q	C
N	A	H	H	M	I	K	N	Z	L	F	G	U	B	X
O	H	L	A	G	E	N	E	S	A	I	U	E	T	I
J	X	M	I	I	Q	E	Q	D	N	B	A	L	Z	U
I	S	R	A	E	L	J	S	G	D	P	H	A	F	Q

EGYPTEN
BRASILIEN
TYSKLAND
FINLAND
INDIEN
IRAK
ISRAEL
ITALIEN
CAMBODJA
CANADA
LETLAND
MALI
NICARAGUA
NORGE
POLEN
RUMÆNIEN
SENEGAL
SPANIEN
VENEZUELA
VIETNAM

60 - Science Fiction

F	Q	E	R	M	F	S	X	U	K	Z	Y	P	F	I
U	Z	K	E	H	A	A	C	L	U	Z	S	L	D	M
T	D	S	A	J	R	C	N	E	B	A	H	A	B	A
U	U	P	L	W	G	P	Q	T	N	A	I	N	R	G
R	T	L	I	N	O	J	H	X	A	A	L	E	A	I
I	O	O	S	M	I	X	I	V	J	S	R	T	N	N
S	P	S	T	E	B	Z	P	D	O	E	T	I	D	Æ
T	I	I	I	R	O	B	O	T	T	E	R	I	E	R
I	G	O	S	T	Q	G	T	B	Ø	G	E	R	S	X
S	O	N	K	S	I	T	S	Y	M	J	F	F	P	K
K	J	R	E	K	L	J	Y	G	A	L	A	K	S	E
R	P	C	A	E	D	O	D	Q	W	Z	U	Q	S	I
T	T	X	U	C	T	E	K	N	O	L	O	G	I	L
N	O	I	S	U	L	L	I	E	L	W	U	H	Y	U
L	F	M	J	P	N	E	D	R	E	V	B	R	V	T

BØGER
DYSTOPI
EKSPLOSION
EKSTREM
FANTASTISK
BRAND
FUTURISTISK
GALAKSE
MYSTISK
ILLUSION

IMAGINÆR
BIOGRAF
ORACLE
PLANET
REALISTISK
ROBOTTER
SCENARIE
TEKNOLOGI
UTOPI
VERDEN

61 - Literatur

W	R	H	L	E	I	H	W	R	L	V	M	C	N	F
M	I	M	A	K	I	U	G	I	H	C	E	Q	B	I
V	G	O	L	A	I	D	T	O	P	J	T	V	I	K
F	O	R	T	Æ	L	L	E	R	A	D	A	B	O	T
W	L	J	Z	D	L	N	T	G	N	N	F	E	G	I
H	A	E	K	G	I	P	O	D	A	U	O	S	R	O
T	N	Z	I	U	R	I	D	D	L	R	R	K	A	N
R	A	O	M	F	E	K	K	M	Y	E	T	R	F	N
Q	Y	Y	U	U	Z	B	E	H	S	T	M	I	I	X
R	L	T	D	I	G	T	N	Z	E	T	B	V	S	R
S	O	P	M	O	N	Z	A	G	N	A	M	E	T	I
A	Y	M	E	E	S	T	I	L	Q	F	J	L	G	M
R	W	B	A	Q	R	M	K	T	P	R	C	S	L	P
G	Y	P	Y	N	T	H	X	U	S	O	Z	E	G	D
P	O	E	T	I	S	K	E	C	B	F	Q	N	T	L

ANALOGI
ANALYSE
ANEKDOTE
FORFATTER
BESKRIVELSE
BIOGRAFI
DIALOG
FORTÆLLER
FIKTION

DIGT
METAFOR
POETISK
RIM
RYTME
ROMAN
STIL
TEMA
TRAGEDIE

62 - Wandern

C	A	M	P	I	N	G	S	N	S	M	Z	A	O	D
K	F	K	V	C	D	D	T	O	N	K	L	W	Y	T
X	O	O	V	A	T	X	N	F	L	N	L	U	Z	H
F	R	R	I	G	N	I	R	E	T	N	E	I	R	O
A	B	T	L	C	E	D	Y	R	M	S	H	T	U	Z
R	E	L	D	K	T	Z	D	V	D	A	K	L	T	V
E	R	D	T	L	S	T	B	Y	Q	M	L	Y	A	A
R	E	A	M	I	L	K	R	K	Q	M	A	W	N	Z
P	D	C	Y	N	A	Y	Y	Æ	E	Z	F	M	T	W
K	E	B	F	T	Y	A	C	V	T	T	M	Z	Z	A
E	L	F	F	M	D	F	U	Z	B	A	X	C	E	A
Y	S	N	T	U	N	G	R	E	J	B	M	I	K	S
Y	E	P	F	V	G	E	J	X	K	Y	Q	L	N	P
U	Y	E	E	Q	G	R	E	L	V	Ø	T	S	A	D
T	O	P	M	Ø	D	E	V	P	A	R	K	E	R	V

BJERG
CAMPING
FARER
TOPMØDE
KORT
KLIMA
KLINT
TRÆT
NATUR
ORIENTERING
PARKER
TUNG
SOL
STEN
STØVLER
DYR
FORBEREDELSE
VAND
VEJR
VILD

63 - Globale Erwärmung

S	F	K	I	O	G	T	A	T	A	D	I	B	T	R
F	C	X	G	O	E	E	R	L	L	E	N	E	Q	R
M	G	J	H	K	N	M	K	E	S	H	T	F	K	E
G	G	B	C	N	E	P	T	V	J	M	E	O	N	G
N	P	U	D	O	R	E	I	E	F	O	R	L	M	E
I	I	W	I	E	A	R	S	S	K	S	N	K	I	R
L	N	Z	T	K	T	A	K	T	E	K	A	N	L	I
K	L	I	M	A	I	T	J	E	N	R	T	I	J	N
I	C	Q	E	N	O	U	N	D	E	Æ	I	N	Ø	G
V	O	H	R	F	N	R	B	E	R	M	O	G	M	K
D	L	C	F	X	E	E	Z	R	G	P	N	E	Æ	B
U	S	J	Y	V	R	R	Q	Y	I	O	A	R	S	U
L	O	V	G	I	V	N	I	N	G	K	L	O	S	T
Y	H	C	G	A	S	C	U	R	Y	Q	R	B	I	U
K	R	I	S	E	I	N	D	U	S	T	R	I	G	U

ARKTISK
OPMÆRKSOMHED
BEFOLKNINGER
DATA
ENERGI
UDVIKLING
GAS
GENERATIONER
LOVGIVNING
INDUSTRI
INTERNATIONAL
NU
KLIMA
KRISE
LEVESTEDER
REGERING
TEMPERATURER
MILJØMÆSSIG
FREMTID

64 - Länder #2

J	O	I	U	U	Z	R	F	G	B	J	U	X	Y	G
N	A	Y	N	E	K	Y	J	F	L	I	I	X	B	R
Y	K	P	W	V	H	V	J	O	D	F	N	V	P	Æ
Z	B	J	A	W	M	I	R	C	P	A	K	N	R	K
E	F	M	L	N	A	T	S	I	K	A	P	F	U	E
N	E	P	A	L	E	C	T	X	I	U	J	R	S	N
E	N	E	I	P	O	I	T	E	A	G	A	A	L	L
I	R	D	T	L	P	O	R	M	U	A	M	N	A	A
N	A	D	U	S	A	U	W	Y	R	N	A	K	N	N
A	H	N	B	I	I	O	G	B	S	D	I	R	D	D
B	A	A	D	G	I	W	S	F	P	A	C	I	W	J
L	I	L	S	N	I	G	E	R	I	A	A	G	B	O
A	T	R	U	K	R	A	I	N	E	J	U	S	E	S
H	I	I	G	L	I	B	E	R	I	A	H	P	O	U
Y	N	W	E	D	V	A	L	X	Z	Z	D	T	X	H

ALBANIEN
ETIOPIEN
FRANKRIG
GRÆKENLAND
HAITI
IRLAND
JAMAICA
JAPAN
KENYA
LAOS
LIBERIA
MEXICO
NEPAL
NIGERIA
PAKISTAN
RUSLAND
SUDAN
SYRIEN
UGANDA
UKRAINE

65 - Fahrzeuge

C	A	M	P	I	N	G	V	O	G	N	I	L	M	A
T	O	G	E	U	B	O	W	G	H	I	T	R	O	M
H	A	G	G	U	F	F	Q	L	B	U	S	Q	T	B
T	E	Q	P	X	K	V	F	A	P	S	B	K	O	U
Ø	T	L	B	Å	D	R	V	S	U	B	Å	D	R	L
M	O	Z	I	H	W	K	Y	T	Y	C	J	T	H	A
M	D	N	W	K	D	Æ	K	B	C	Y	K	E	L	N
E	T	B	I	L	O	A	D	I	E	L	T	K	V	C
R	R	D	B	T	V	P	S	L	U	F	O	A	V	E
F	A	F	K	R	R	J	T	G	A	B	M	R	X	M
L	K	H	Z	U	S	U	T	E	B	V	X	N	B	A
Å	T	S	C	O	O	T	E	R	R	E	F	Y	P	H
D	O	F	Æ	R	G	E	S	R	P	A	V	V	I	J
E	R	Y	R	O	G	U	W	K	H	J	J	A	J	A
M	N	W	Q	A	H	G	Q	G	H	N	H	F	N	T

BIL
BÅD
BUS
CYKEL
FÆRGE
TØMMERFLÅDE
FLY
HELIKOPTER
AMBULANCE
LASTBIL
MOTOR
RAKET
DÆK
SCOOTER
TAXA
TRAKTOR
UBÅD
VAN
CAMPINGVOGN
TOG

66 - Musikinstrumente

P	S	A	J	V	M	A	N	G	H	U	M	R	P	L
H	A	R	P	E	I	U	M	H	J	B	U	E	E	J
A	S	A	K	I	N	O	M	R	A	H	U	G	R	K
H	J	T	C	Z	U	P	L	X	G	N	O	G	K	L
B	Z	I	K	E	K	D	W	I	U	I	C	S	U	A
D	F	U	R	M	K	T	F	D	N	R	X	S	S	R
G	T	G	E	K	L	T	B	A	S	U	N	M	S	I
W	E	M	Y	M	A	O	T	R	B	B	R	R	I	N
A	O	J	O	K	V	G	B	R	E	M	B	W	O	E
B	A	N	J	O	E	A	W	O	V	A	H	Z	N	T
M	C	N	I	G	R	F	L	Ø	J	T	E	I	O	T
I	C	E	M	M	O	R	T	E	P	M	O	R	T	Z
R	N	I	L	O	D	N	A	M	U	H	Q	O	E	Y
A	E	I	D	L	S	A	X	O	F	O	N	I	I	Y
M	V	A	S	N	O	Y	R	R	N	J	T	C	Q	U

BANJO
CELLO
FAGOT
FLØJTE
VIOLIN
GUITAR
GONG
HARPE
KLARINET
KLAVER
MANDOLIN
MARIMBA
HARMONIKA
OBO
BASUN
SAXOFON
PERKUSSION
TAMBURIN
TROMME
TROMPET

67 - Blumen

P	Z	K	W	Y	E	U	M	L	A	V	Z	G	T	K
L	C	H	P	Z	S	J	N	A	Z	S	B	U	L	R
U	E	M	O	F	W	R	E	V	Ø	L	K	M	L	O
M	D	T	N	L	A	I	N	E	D	R	A	G	B	N
E	Z	K	I	J	R	Z	S	N	I	M	S	A	J	B
R	C	B	I	B	R	W	F	D	I	R	J	K	O	L
I	H	S	C	S	J	E	R	E	O	W	D	E	P	A
A	Q	W	E	J	L	I	L	L	Q	R	X	K	B	D
A	H	S	U	C	S	I	B	I	H	F	K	K	B	H
B	U	K	E	T	F	I	L	R	D	W	T	I	L	M
M	A	G	N	O	L	I	A	L	O	Y	L	S	D	N
P	Æ	O	N	I	E	U	A	L	A	S	I	L	T	E
M	Æ	L	K	E	B	Ø	T	T	E	I	E	O	B	H
T	U	L	I	P	A	N	G	D	W	A	Z	S	A	Z
O	I	O	F	M	F	B	X	A	F	D	I	P	K	C

KRONBLAD
GARDENIA
DAISY
HIBISCUS
JASMIN
KLØVER
LAVENDEL
LILLA
LILJE
MÆLKEBØTTE
MAGNOLIA
VALMUE
ORKIDE
PÆON
PLUMERIA
ROSE
SOLSIKKE
BUKET
TULIPAN

68 - Natur

Z	S	A	Y	H	G	L	Ø	V	E	N	K	G	B	X
B	K	R	S	X	L	A	F	G	Ø	R	E	N	D	E
I	Y	K	H	C	E	T	D	L	Y	F	D	E	R	F
E	E	T	W	Z	T	L	B	N	M	Z	S	G	K	V
R	R	I	W	K	S	I	P	O	R	T	F	Å	B	N
M	F	S	C	S	J	E	D	I	Z	V	V	T	D	A
H	F	K	S	I	E	Y	K	S	Z	D	I	Q	H	C
S	V	L	N	H	R	X	Y	O	E	Y	L	G	Q	O
A	K	B	O	O	Y	X	X	R	D	N	D	A	U	U
G	P	Ø	J	D	D	P	N	E	S	A	T	H	Q	I
I	I	T	N	E	K	R	Ø	D	I	M	M	S	H	N
D	W	U	O	H	R	R	P	Y	F	I	E	K	I	O
V	L	K	I	K	E	G	C	D	F	S	I	O	Q	L
M	A	G	I	L	E	D	E	R	F	K	Z	V	B	T
C	Y	E	Q	H	N	H	A	A	W	A	W	W	D	O

ARKTISK
BJERGE
BIER
DYNAMISK
EROSION
FLOD
FREDELIG
GLETSJER
FREDFYLDTE
LØV
AFGØRENDE
TÅGE
SKØNHED
DYR
TROPISK
SKOV
VILD
SKYER
ØRKEN

69 - Urlaub #2

N	O	I	T	A	N	I	T	S	E	D	V	O	T	H
F	I	M	N	R	C	N	R	C	I	E	M	Q	S	Q
H	R	U	J	H	A	R	M	H	R	R	K	L	D	R
J	O	I	B	J	B	N	U	B	E	E	E	U	E	E
K	I	T	T	G	V	O	S	D	F	V	M	F	F	P
S	X	L	E	I	A	K	I	P	Y	X	K	T	G	V
D	J	E	S	L	D	B	V	D	O	Z	O	H	J	F
N	A	T	J	R	F	L	S	A	P	R	F	A	B	C
A	K	W	E	K	U	V	T	O	K	V	T	V	A	H
L	M	V	R	X	T	T	R	E	H	N	X	N	Ø	U
N	L	C	D	H	S	A	A	B	C	N	B	F	J	T
E	S	L	A	L	L	X	N	W	T	O	T	Q	B	T
D	S	N	N	K	L	A	D	H	K	O	R	T	T	L
U	D	L	Æ	N	D	I	N	G	N	I	P	M	A	C
R	E	S	T	A	U	R	A	N	T	T	O	G	S	Y

UDLÆNDING
UDENLANDSK
CAMPING
LUFTHAVN
FRITID
HOTEL
KORT
HAV
PAS
REJSE
RESTAURANT
STRAND
TAXA
TRANSPORT
FERIE
VISUM
TELT
DESTINATION
TOG

70 - Barbecues

K	X	N	E	G	F	J	I	G	P	O	M	H	A	K
D	Y	Q	H	P	R	E	L	F	A	G	I	E	N	N
S	Z	L	S	H	E	I	L	I	M	A	F	D	N	I
N	E	W	L	I	P	S	L	T	B	Ø	R	N	F	V
F	B	D	I	I	M	V	O	L	X	R	O	G	R	E
S	A	U	C	E	N	S	O	M	M	E	R	M	O	P
Z	I	A	F	T	H	G	P	L	F	T	E	A	K	E
K	O	F	O	S	A	L	T	K	P	A	G	D	O	B
Q	A	Y	A	H	W	A	F	L	L	L	A	L	S	E
D	O	Y	L	A	Y	O	K	J	U	A	S	A	T	R
Z	E	C	M	U	S	I	K	S	N	S	T	V	G	H
M	I	D	D	A	G	W	K	O	F	Q	N	N	U	P
A	Q	R	Y	N	V	Q	Y	M	G	Q	Ø	I	R	D
G	T	P	B	B	L	O	M	B	X	U	R	N	F	X
K	N	B	N	A	R	C	G	J	M	D	G	G	Y	N

MIDDAG
FAMILIE
FRUGT
GAFLER
GRØNTSAGER
GRILL
HED
KYLLING
SULT
BØRN

MADLAVNING
KNIVE
FROKOST
MUSIK
PEBER
SALATER
SALT
SOMMER
SAUCE
SPIL

71 - Küche

S	Y	B	I	I	Y	H	W	U	V	L	Y	K	S	F
J	L	R	E	I	R	E	D	D	Y	R	K	E	E	N
L	L	E	D	N	I	P	E	S	I	P	S	D	R	L
W	I	S	V	X	G	O	A	I	I	D	J	E	V	G
M	R	Y	F	J	Z	S	Q	Q	H	M	T	L	I	S
K	G	R	A	A	A	X	B	B	U	C	X	X	E	M
V	T	F	I	R	K	S	P	O	I	P	A	W	T	E
B	S	L	G	R	V	G	T	C	T	Z	B	E	K	D
M	A	D	K	Q	X	G	O	I	R	E	L	F	A	G
H	P	R	F	O	R	K	L	Æ	D	E	J	H	D	G
P	M	D	Y	E	S	S	K	E	E	R	P	X	Q	C
K	A	N	D	E	K	F	D	Z	L	F	Y	P	L	U
R	V	O	V	N	Å	K	N	I	V	E	F	X	O	S
L	S	Y	O	I	L	E	B	A	K	S	E	L	Ø	K
H	L	C	K	E	I	Q	Z	Z	U	K	S	G	X	T

MAD
SPISEPINDE
GAFLER
FRYSER
KRYDDERIER
GRILL
SLEV
KANDE
KØLESKAB
SKEER
KNIVE
OVN
OPSKRIFT
FORKLÆDE
SKÅL
SVAMP
SERVIET
KOPPER
KEDEL

72 - Geographie

K	T	S	E	V	W	K	M	D	G	M	C	I	M	F
O	E	F	L	O	D	K	O	R	T	K	Q	M	M	Ø
N	R	P	G	J	N	I	H	S	J	D	M	Y	E	S
T	R	H	A	Y	A	A	P	M	Y	R	N	E	C	K
I	I	A	S	F	L	R	Z	A	D	N	O	B	M	P
N	T	R	L	S	D	O	F	N	R	N	R	M	Z	A
E	O	Z	N	H	A	T	L	A	S	E	D	J	Ø	H
N	R	U	A	R	R	A	M	E	Y	D	G	U	C	P
T	I	M	I	C	G	V	U	C	T	R	Y	I	T	T
N	U	B	D	F	E	K	A	O	Q	E	F	B	O	W
Y	M	Z	I	V	D	Æ	Q	H	E	V	A	N	M	N
B	J	E	R	G	D	H	A	L	V	K	U	G	L	E
R	A	N	E	Y	E	D	O	R	F	J	J	U	B	J
C	T	Q	M	E	R	H	N	S	V	Q	J	A	G	C
H	X	M	G	F	B	O	Q	A	Y	E	G	M	P	P

ATLAS
ÆKVATOR
BJERG
BREDDEGRAD
FLOD
TERRITORIUM
HALVKUGLE
HØJDE
KORT
KONTINENT
LAND
HAV
MERIDIAN
NORD
OCEAN
REGION
BY
VERDEN
VEST

73 - Zahlen

D	T	I	I	O	F	W	Q	C	H	A	C	S	O	T
J	E	S	E	W	Z	J	E	K	A	Z	S	E	Y	R
X	C	C	I	U	V	D	O	Y	N	U	G	K	O	E
L	P	P	I	P	S	W	G	R	B	V	A	S	P	T
Y	F	C	Y	M	M	A	B	O	T	L	R	T	B	T
N	I	E	X	L	A	V	J	J	B	E	M	E	F	E
I	L	R	P	W	Q	L	U	N	X	V	N	N	I	N
L	F	B	K	F	C	G	U	E	V	Y	S	E	R	E
D	S	R	D	D	P	C	U	T	L	T	J	T	E	T
K	E	A	O	U	M	W	E	M	O	I	H	T	Q	T
U	K	J	T	W	H	N	X	E	T	H	L	I	P	Y
W	S	L	G	T	W	B	K	F	E	C	N	N	B	S
R	I	B	N	R	E	T	T	O	X	Z	G	S	B	Z
B	D	I	O	M	R	N	X	M	Z	G	B	Z	X	E
N	L	N	O	N	T	J	T	O	X	R	A	U	I	P

OTTE
ATTEN
DECIMAL
TRE
TRETTEN
FEM
FEMTEN
NI
NITTEN
NUL
SEKS
SEKSTEN
SYV
SYTTEN
FIRE
FJORTEN
TI
TYVE
TO
TOLV

74 - Tage und Monate

A	J	P	A	D	T	O	H	H	S	F	N	R	F	B
F	U	U	S	S	K	X	R	J	E	R	X	F	Z	F
E	E	G	L	Y	T	V	Q	U	P	E	U	W	B	G
B	B	E	U	I	J	U	N	I	T	D	Z	Q	A	L
R	K	Z	P	S	U	H	D	I	E	A	R	Å	A	G
U	R	E	B	O	T	K	O	V	M	G	E	R	J	A
A	U	G	E	N	C	V	D	Z	B	T	B	E	T	K
R	G	Q	X	B	B	G	T	O	E	E	M	A	I	A
J	A	N	U	A	R	P	F	O	R	I	E	Y	R	L
G	A	D	S	N	O	Y	L	Z	R	C	C	I	S	E
I	R	E	B	M	E	V	O	N	J	S	E	B	D	N
S	Ø	N	D	A	G	A	D	N	A	M	D	K	A	D
O	J	Å	L	Ø	R	D	A	G	N	T	Z	A	G	E
P	V	M	H	J	W	Y	Y	C	V	K	B	T	G	R
T	O	Z	A	T	F	P	Q	E	O	M	Z	N	Y	G

AUGUST
DECEMBER
TIRSDAG
TORSDAG
FEBRUAR
FREDAG
ÅR
JANUAR
JULI
JUNI
KALENDER
ONSDAG
MÅNED
MANDAG
NOVEMBER
OKTOBER
LØRDAG
SEPTEMBER
SØNDAG
UGE

75 - Emotionen

T	Z	P	H	T	Ø	S	O	R	G	I	L	O	R	K
W	T	Y	K	D	E	M	I	N	D	H	O	L	D	K
S	Y	M	P	A	T	I	H	W	M	F	F	K	U	T
O	Y	X	G	X	T	C	W	E	D	E	R	V	P	A
A	D	G	W	M	T	D	M	S	D	S	B	O	H	K
V	E	N	L	I	G	H	E	D	E	N	Q	L	R	N
C	H	B	F	I	Y	E	Q	E	H	W	F	F	O	E
Z	G	M	O	V	R	W	O	R	M	V	T	E	S	M
R	I	G	R	Y	F	K	B	F	O	T	R	T	C	M
B	L	O	T	E	P	P	A	L	S	F	A	R	L	E
I	R	G	C	I	L	D	K	I	D	F	E	O	V	L
W	Æ	T	L	B	A	I	A	T	E	R	C	E	A	I
S	K	N	V	Æ	P	T	E	A	K	E	Z	T	V	G
A	H	J	I	B	D	P	Y	F	D	D	L	L	Z	X
E	T	X	E	S	L	E	K	S	A	R	R	E	V	O

FRYGT
FLOV
TAKNEMMELIG
AFSLAPPET
GLÆDE
VENLIGHED
FRED
INDHOLD
KEDSOMHED
KÆRLIGHED
RELIEF
RO
ROLIG
SYMPATI
SORG
OVERRASKELSE
VREDE
ØMHED
TILFREDS

76 - Das Unternehmen

F	O	R	R	E	T	N	I	N	G	U	E	T	U	T
B	B	E	F	I	K	R	E	G	N	I	N	N	Ø	L
E	E	C	R	N	P	R	G	D	H	N	H	G	T	X
S	S	R	E	V	R	G	E	P	Q	B	E	N	Y	V
K	L	U	M	E	O	J	L	A	I	N	D	O	T	R
Æ	U	O	S	S	D	M	Q	O	T	V	E	I	G	I
F	T	S	K	T	U	M	W	V	B	I	R	T	T	S
T	N	S	R	E	K	U	K	D	F	A	V	A	E	I
I	I	E	I	R	T	L	R	U	I	Y	L	T	T	C
G	N	R	D	I	G	I	R	T	S	U	D	N	I	I
E	G	C	T	N	Æ	G	R	A	X	H	F	E	L	F
L	B	A	Q	G	T	H	Y	E	X	M	C	S	A	M
S	R	T	Y	F	D	E	N	N	K	Z	X	Æ	V	Z
E	G	T	C	H	N	D	W	O	W	P	O	R	K	H
B	L	E	N	O	I	S	S	E	F	O	R	P	L	Z

BESKÆFTIGELSE
ENHEDER
INDTÆGT
BESLUTNING
FREMSKRIDT
FORRETNING
GLOBAL
INDUSTRI
INVESTERING
KREATIV
LØNNINGER
MULIGHED
PRÆSENTATION
PRODUKT
PROFESSIONEL
KVALITET
RESSOURCER
RISICI
RY

77 - Kräuterkunde

X	Q	V	C	X	A	W	T	S	M	O	L	B	S	H
F	S	B	D	F	W	D	L	I	D	Y	W	X	E	V
V	E	V	A	H	J	J	E	F	M	U	T	R	N	I
R	M	N	V	V	G	U	D	D	U	I	D	P	Q	D
S	U	C	N	H	D	P	N	Ø	R	G	A	M	S	L
D	A	F	O	I	X	Q	E	S	L	K	D	N	S	Ø
P	N	F	M	N	K	Q	V	T	U	S	J	M	Q	G
G	O	U	F	G	V	E	A	X	A	I	Y	U	R	K
D	K	T	W	R	B	E	L	N	T	R	V	K	N	V
F	R	X	L	L	O	R	O	S	M	A	R	I	N	A
F	T	R	E	R	L	N	E	I	K	N	P	L	A	L
P	E	R	S	I	L	L	E	K	U	I	D	I	I	I
A	R	O	M	A	T	I	S	K	I	L	R	S	R	T
E	S	T	R	A	G	O	N	X	X	U	T	A	E	E
G	A	V	N	L	I	G	T	I	R	K	H	B	M	T

AROMATISK
BASILIKUM
BLOMST
DILD
ESTRAGON
FENNIKEL
HAVE
SMAG
GRØN
HVIDLØG
KULINARISK
LAVENDEL
MERIAN
PERSILLE
KVALITET
ROSMARIN
SAFFRON
TIMIAN
GAVNLIG

78 - Aktivitäten und Freizeit

V	O	L	L	E	Y	B	A	L	L	A	W	E	L	Z
A	N	Y	L	S	R	S	B	A	S	E	B	A	L	L
F	F	Z	A	J	S	U	Y	A	E	F	J	G	W	O
S	T	R	B	E	V	R	H	J	W	G	U	D	G	T
L	Y	H	T	R	Ø	F	L	O	G	T	V	P	Z	N
A	O	A	E	R	M	I	F	I	S	K	E	R	I	Y
P	F	V	K	V	N	N	S	G	P	F	T	R	Z	D
P	O	E	S	A	I	G	I	H	G	B	L	M	M	Y
E	D	A	A	N	N	N	N	G	N	I	C	A	R	K
N	B	R	B	D	G	I	N	I	I	O	U	L	T	N
D	O	B	W	R	H	N	E	J	P	W	B	E	P	I
E	L	E	A	I	U	S	T	X	P	M	G	R	W	N
J	D	J	L	N	D	K	O	H	O	K	A	I	Y	G
X	C	D	F	G	F	O	R	H	H	N	K	C	U	H
O	I	E	C	L	M	B	J	T	S	N	U	K	T	J

FISKERI
BASEBALL
BASKETBALL
BOKSNING
CAMPING
SHOPPING
AFSLAPPENDE
FODBOLD
HAVEARBEJDE
MALERI
GOLF
KUNST
REJSE
RACING
SVØMNING
SURFING
DYKNING
TENNIS
VOLLEYBALL
VANDRING

79 - Formen

R	E	T	N	A	K	B	O	V	J	V	B	I	R	R
V	L	E	K	R	I	C	Y	F	Z	K	C	E	U	E
K	L	P	L	V	I	G	T	Z	H	Z	B	A	N	K
Q	I	T	H	J	Ø	R	N	E	J	N	I	L	D	T
S	P	T	X	L	W	L	A	U	M	O	Q	O	S	A
N	S	L	B	M	P	H	K	B	L	G	X	B	P	N
S	E	T	N	A	K	E	R	T	O	Y	J	R	W	G
I	P	C	W	U	Q	M	I	K	E	L	G	E	K	E
D	Y	Y	T	M	Z	S	F	I	V	O	Y	P	O	L
E	R	L	H	U	K	I	T	A	M	P	V	Y	V	L
M	A	I	U	P	L	R	B	B	Z	K	X	H	A	Y
Q	M	N	P	F	L	P	Z	E	I	U	F	M	L	Z
F	I	D	X	N	N	O	N	S	V	R	X	E	E	H
N	D	E	T	E	R	N	I	N	G	V	B	J	R	Z
L	E	R	P	T	E	I	E	H	A	E	Y	F	E	S

BUE
TREKANT
HJØRNE
ELLIPSE
HYPERBOLA
KANTER
KEGLE
CIRKEL
KURVE
LINJE
OVAL
POLYGON
PRISME
PYRAMIDE
FIRKANT
REKTANGEL
RUND
SIDE
TERNING
CYLINDER

80 - Musik

H	R	D	S	D	G	W	N	O	F	O	R	K	I	M
A	E	R	E	S	I	V	O	R	P	M	I	O	E	F
R	K	K	T	I	R	F	T	G	N	E	Z	P	K	T
M	S	O	V	N	M	M	D	O	U	D	R	M	S	R
O	I	R	R	S	U	E	K	S	I	S	S	A	L	K
N	R	Y	E	T	B	D	L	Y	R	N	H	I	A	S
I	Y	T	K	R	L	A	G	O	I	Y	O	N	K	I
S	L	M	I	U	A	L	P	S	D	E	M	O	I	T
K	T	I	S	M	K	L	A	R	X	I	G	M	S	E
M	E	S	U	E	B	A	S	A	N	G	E	R	U	O
P	M	K	M	N	B	B	R	Y	T	M	E	A	M	P
B	P	Z	U	T	K	Z	V	Y	Q	U	G	H	U	W
T	O	D	Q	O	E	F	J	M	O	N	N	K	Y	O
K	A	I	Y	B	P	D	X	Z	U	I	Y	H	F	G
H	W	A	Y	D	U	E	V	D	T	B	S	L	Y	F

ALBUM
BALLADE
KOR
HARMONI
HARMONISK
IMPROVISERE
INSTRUMENT
KLASSISK
LYRISK
MELODI
MIKROFON
MUSIKALSK
MUSIKER
OPERA
POETISK
RYTMISK
RYTME
SANGER
SYNGE
TEMPO

81 - Antiquitäten

G	H	M	A	L	E	R	I	E	R	F	Z	Å	E	F
J	A	G	A	M	M	E	L	X	A	H	U	R	L	J
N	G	L	A	U	T	E	N	T	I	S	K	H	E	Y
Q	U	I	L	G	E	M	C	Y	B	K	E	U	G	X
F	J	T	R	E	L	B	Ø	M	P	P	H	N	A	E
U	X	S	K	S	R	M	Ø	N	T	E	R	D	N	S
S	S	O	Z	Z	T	I	R	Z	E	O	A	R	T	M
I	K	Æ	D	E	K	O	R	A	T	I	V	E	T	Y
R	D	U	D	V	Æ	R	D	I	I	O	J	D	I	K
P	O	F	L	V	R	T	P	B	L	B	P	E	L	K
K	W	T	H	P	A	S	G	G	A	T	W	W	S	E
S	B	A	S	Y	T	N	P	X	V	K	Z	Y	T	R
M	O	N	H	U	I	U	L	P	K	H	T	W	A	M
W	B	U	Q	U	K	K	R	I	R	M	D	S	N	A
E	N	T	U	S	I	A	S	T	G	R	W	V	D	N

GAMMEL
AUTENTISK
DEKORATIV
ELEGANT
ENTUSIAST
GALLERI
MALERIER
ÅRHUNDREDE
KUNST
MØBLER
MØNTER
PRIS
KVALITET
SMYKKER
SKULPTUR
STIL
USÆDVANLIG
VÆRDI
TILSTAND

82 - Adjektive #2

P	I	C	I	K	P	H	S	Z	I	P	E	L	I	R
R	F	K	L	R	M	M	Z	U	D	P	Q	Q	C	C
O	E	H	B	E	D	R	A	M	A	T	I	S	K	V
D	N	U	S	A	K	K	T	K	S	D	T	M	U	G
U	B	E	G	T	N	A	S	S	E	R	E	T	N	I
K	E	L	G	I	L	E	S	I	P	S	B	V	R	L
T	S	E	I	V	I	S	S	R	T	L	O	T	S	R
I	K	G	L	Z	G	T	U	F	Z	N	A	T	K	U
V	R	A	R	U	U	Æ	L	J	B	O	E	E	G	T
U	I	N	A	B	T	R	T	V	I	L	D	T	Y	A
P	V	T	V	E	E	K	E	T	E	N	H	L	U	N
R	E	V	S	N	V	R	N	N	O	R	M	A	L	A
S	N	S	N	Z	Y	H	Ø	U	Y	X	F	S	O	P
G	D	N	A	H	Z	E	V	M	R	J	W	H	M	J
O	E	G	M	Z	S	P	R	Y	T	Z	B	U	C	G

AUTENTISK
BERØMT
BESKRIVENDE
DRAMATISK
ELEGANT
SPISELIG
FRISK
SUND
SULTEN
INTERESSANT
KREATIV
NATURLIG
NY
NORMAL
PRODUKTIV
SALTET
STÆRK
STOLT
ANSVARLIG
VILD

83 - Kleidung

A	N	T	L	N	L	R	U	D	S	C	B	M	Y	I
F	R	X	D	R	E	T	A	E	W	S	J	O	O	K
U	E	M	K	G	E	D	W	M	V	Z	A	D	D	X
K	K	F	B	H	X	D	E	L	O	J	K	E	R	O
K	S	O	V	Å	M	D	Æ	R	U	L	K	D	S	V
B	D	R	J	L	N	Q	U	L	D	N	E	O	K	S
L	N	K	H	U	X	D	A	H	K	E	B	A	J	N
U	A	L	A	S	M	Y	K	K	E	R	L	Z	O	A
S	H	Æ	L	A	B	Æ	L	T	E	E	Ø	T	R	E
E	F	D	S	M	H	A	T	V	K	S	U	T	T	J
T	Z	E	K	A	B	I	F	O	K	K	K	B	E	U
Z	U	Z	Æ	J	P	P	O	T	A	U	D	F	N	U
T	D	U	D	Y	V	L	X	S	R	B	Y	X	D	L
R	A	H	E	P	R	X	W	G	F	F	W	S	E	W
R	W	Q	B	I	Q	Q	G	D	C	G	J	S	I	H

ARMBÅND
BLUSE
BÆLTE
HALSKÆDE
HANDSKER
SKJORTE
BUKSER
HAT
JAKKE
JEANS
KJOLE
FRAKKE
MODE
SWEATER
NEDERDEL
TØRKLÆDE
PYJAMAS
SMYKKER
SKO
FORKLÆDE

84 - Farben

H	Q	L	F	D	R	H	G	P	I	N	K	G	U	L
C	B	W	X	Y	N	W	R	I	M	A	P	L	V	V
T	S	Q	R	C	V	E	Ø	Z	B	Y	H	P	G	C
D	Y	I	Ø	K	F	I	N	A	H	C	F	P	P	J
N	B	A	D	C	I	N	M	W	M	K	K	N	O	Q
W	R	Z	I	G	R	Å	N	F	U	C	H	S	I	A
R	U	U	V	M	D	Y	U	N	S	L	P	S	X	I
I	N	R	H	K	B	V	L	B	O	S	O	C	E	P
L	N	X	Z	T	S	N	H	M	A	R	N	E	I	E
I	O	D	K	E	B	K	E	A	J	J	A	W	U	S
L	S	S	I	W	I	L	O	G	Z	S	D	N	C	P
L	M	T	G	G	N	Y	Å	E	G	I	E	B	G	A
A	I	B	O	H	O	D	V	N	Z	H	P	P	V	E
R	R	V	I	O	L	E	T	T	R	O	S	V	H	L
A	C	R	H	Q	B	O	E	A	C	T	I	W	D	K

AZUR
BEIGE
BLÅ
BRUN
FUCHSIA
GUL
GRÅ
GRØN
INDIGO
LILLA

MAGENTA
ORANGE
CRIMSON
PINK
RØD
SORT
SEPIA
VIOLET
HVID
CYAN

85 - Haus

S	O	V	E	V	Æ	R	E	L	S	E	P	R	F	K
B	U	Q	F	P	R	E	S	U	R	B	B	K	Z	Y
I	N	S	P	Z	M	L	L	K	D	E	Z	D	J	R
B	H	J	X	M	X	B	E	O	F	S	D	B	C	W
L	A	G	H	L	V	Ø	R	S	F	X	A	D	F	X
I	V	E	G	G	G	M	Æ	T	L	O	F	T	X	C
O	E	U	D	N	I	V	V	N	P	K	M	O	I	V
T	P	L	W	X	E	E	D	A	W	O	U	V	N	J
E	M	X	Z	H	E	G	N	E	T	S	R	O	K	S
K	A	K	B	K	U	Æ	A	J	L	E	S	Ø	G	Z
X	L	C	P	Ø	H	V	Q	R	T	W	T	N	D	E
V	J	L	H	K	X	E	X	B	A	M	F	G	N	W
P	E	J	S	K	D	X	B	Y	G	G	O	B	S	R
U	P	S	F	E	F	G	S	J	C	O	L	O	S	J
F	S	A	L	N	D	W	O	C	W	O	E	A	H	P

KOST
BIBLIOTEK
TAG
LOFTSRUM
LOFT
BRUSER
VINDUE
GARAGE
HAVE
PEJS
KØKKEN
LAMPE
MØBLER
SOVEVÆRELSE
SKORSTEN
SPEJL
DØR
VÆG
HEGN
VÆRELSE

86 - Bauernhof #1

K	R	Æ	U	X	U	K	R	A	M	S	V	I	N	Z
K	X	P	S	Y	F	R	M	K	C	G	G	P	B	L
B	Y	S	C	E	G	A	F	H	H	W	U	Y	Z	A
M	Y	L	V	Z	L	G	V	B	E	Z	B	E	Y	N
Q	R	J	L	H	V	E	P	K	G	K	W	M	L	D
A	Z	G	R	I	D	A	H	X	N	P	W	F	A	E
R	A	K	Y	L	N	K	I	Q	G	F	I	S	N	G
V	S	R	C	X	U	G	U	H	V	E	C	G	D	Q
K	A	T	S	E	H	N	U	O	A	S	Q	N	B	G
J	Q	J	Y	L	K	I	J	N	N	L	N	X	R	N
R	I	S	X	Y	A	N	I	N	D	K	V	V	U	B
G	I	R	U	Y	L	D	A	I	U	O	F	K	G	T
O	E	D	H	Ø	V	Ø	C	N	H	Z	M	L	R	A
B	U	D	X	S	V	G	F	G	X	W	Z	T	K	E
C	G	R	R	F	F	J	T	T	O	D	Z	G	X	L

BI
GØDNING
ÆSEL
MARK
HØ
HONNING
KYLLING
HUND
KALV
KAT
KRAGE
KO
LAND
LANDBRUG
HEST
RIS
SVIN
VAND
HEGN
GED

87 - Regierung

P	O	L	I	T	I	K	L	B	R	C	R	W	T	H
M	Y	D	D	A	G	I	L	E	D	E	R	F	A	N
O	X	E	I	T	H	Z	B	H	D	I	Q	I	E	O
N	G	H	D	S	W	B	H	Z	E	E	X	F	H	I
U	I	G	P	Q	T	X	H	F	B	B	R	B	I	S
M	L	I	S	D	T	R	B	S	A	S	P	P	T	S
E	O	L	D	E	H	G	I	G	N	Æ	H	F	A	U
N	V	R	F	H	A	X	B	K	X	L	J	C	R	K
T	A	C	J	I	O	U	H	O	T	A	C	I	K	S
X	N	F	O	R	F	A	T	N	I	N	G	V	O	I
G	B	Z	F	F	R	K	U	R	O	O	C	I	M	D
S	Y	M	B	O	L	F	I	O	Z	I	W	L	E	I
V	L	O	M	S	F	R	H	E	Y	T	T	C	D	Q
Z	Q	V	Y	Y	U	V	L	X	N	A	J	A	A	D
C	G	R	C	S	T	A	L	E	C	N	M	J	N	L

DISTRIKT
DEMOKRATI
MONUMENT
DISKUSSION
FRIHED
FREDELIG
LEDER
LOV
LIGHED
NATION
NATIONAL
POLITIK
TALE
STAT
SYMBOL
UAFHÆNGIGHED
FORFATNING
CIVIL

88 - Berufe #1

U	S	H	B	G	U	L	D	S	M	E	D	F	T	N
O	G	O	L	O	K	Y	S	P	L	E	N	A	F	T
P	A	R	I	P	A	A	J	Z	F	P	Y	R	F	D
I	S	E	K	S	R	E	J	E	L	P	E	G	Y	S
A	V	K	K	J	D	T	R	Æ	N	E	R	O	G	I
N	B	I	E	U	Æ	A	F	T	T	R	R	T	E	W
I	A	S	N	K	G	G	N	Z	N	H	Ø	R	O	T
S	N	U	S	R	O	A	E	S	N	F	D	A	L	A
T	K	M	L	D	R	G	T	R	E	T	A	K	O	S
Q	M	B	A	Q	Y	Q	N	O	G	R	S	F	G	T
S	A	M	G	A	M	R	R	E	V	I	S	O	R	R
Z	N	S	E	I	S	I	L	G	Z	L	A	A	F	O
N	D	L	R	S	L	H	X	Æ	M	R	B	A	K	N
K	U	N	S	T	N	E	R	L	G	I	M	K	K	O
X	Z	V	A	D	V	O	K	A	T	E	A	V	K	M

LÆGE
ASTRONOM
BANKMAND
AMBASSADØR
REVISOR
GEOLOG
JÆGER
GULDSMED
KARTOGRAF
BLIKKENSLAGER
SYGEPLEJERSKE
KUNSTNER
MUSIKER
PIANIST
PSYKOLOG
ADVOKAT
DANSER
DYRLÆGE
TRÆNER

89 - Adjektive #1

U	T	U	N	G	E	K	A	B	S	O	L	U	T	P
S	J	W	T	I	L	T	R	Æ	K	K	E	N	D	E
K	U	M	S	J	M	I	O	A	N	C	Q	D	E	S
Y	V	W	K	E	P	T	L	T	K	E	F	R	E	P
L	I	U	L	C	N	F	T	O	U	R	D	K	F	V
D	G	I	A	R	P	W	L	I	N	I	X	C	N	Æ
I	T	K	N	X	L	F	P	F	S	W	U	N	N	R
G	I	S	G	I	L	R	Æ	D	T	M	Ø	R	K	D
G	G	I	S	E	Q	X	F	M	N	T	P	G	S	I
F	L	T	O	D	S	T	O	R	E	J	E	Z	I	F
U	T	A	M	H	E	E	Q	X	R	Z	N	K	T	U
J	O	M	D	N	Y	T	I	V	I	T	K	A	N	L
L	A	O	D	W	I	W	K	V	S	D	G	E	E	D
F	J	R	Y	J	S	U	J	C	K	O	B	B	D	J
Y	C	A	B	M	O	D	E	R	N	E	I	U	I	F

ABSOLUT
AKTIV
AROMATISK
TILTRÆKKENDE
MØRK
TYND
ÆRLIG
GLAD
IDENTISK
KUNSTNERISK
LANGSOM
MODERNE
PERFEKT
STOR
SMUK
TUNG
DYB
USKYLDIG
VÆRDIFULD
VIGTIG

90 - Geometrie

K	U	R	V	E	S	S	A	M	I	B	P	O	X	V
L	K	D	I	A	M	E	T	E	R	U	A	B	A	I
D	I	M	E	N	S	I	O	N	O	S	R	D	F	N
Q	G	P	A	N	V	T	E	R	D	N	A	V	I	K
O	O	K	C	X	G	N	I	N	G	I	L	H	R	E
O	L	S	T	W	O	E	R	R	N	G	L	M	K	L
T	V	T	V	N	Z	M	T	S	U	N	E	S	A	W
S	R	E	E	W	C	G	E	I	V	I	L	D	N	A
H	Z	E	R	O	R	E	M	M	U	N	E	V	T	H
G	Y	Y	K	F	R	S	M	E	E	G	K	T	S	W
C	F	F	U	A	L	I	Y	T	V	E	R	G	G	Y
G	L	L	E	D	N	A	S	W	T	R	I	O	A	Y
V	H	Z	K	P	R	T	D	K	I	E	C	U	C	K
S	R	Z	I	Y	W	Y	M	E	G	B	W	E	V	Z
U	I	V	T	M	E	G	H	Ø	J	D	E	L	U	A

ANDEL
BEREGNING
DIMENSION
TREKANT
DIAMETER
LIGNING
VANDRET
HØJDE
CIRKEL
KURVE

LOGIK
MASSE
NUMMER
OVERFLADE
PARALLEL
FIRKANT
SEGMENT
SYMMETRI
TEORI
VINKEL

91 - Jazz

K	S	Q	X	X	J	A	G	A	A	Y	F	M	K	B
M	O	Z	E	P	T	R	E	C	N	O	K	U	U	I
U	W	M	N	S	D	L	N	D	T	O	Q	S	N	F
S	Y	A	P	M	O	R	R	X	D	M	F	I	S	A
I	L	R	J	O	T	E	E	N	Y	U	Ø	K	T	L
K	T	Y	A	Q	N	T	E	R	G	B	T	R	N	D
E	R	Y	T	M	E	I	S	Z	N	L	E	E	E	D
R	B	U	R	R	L	R	S	A	Y	A	K	T	R	B
E	G	X	U	F	A	O	F	T	N	P	N	S	L	I
O	Q	S	I	Y	T	V	D	R	G	G	I	E	N	X
F	N	E	V	P	B	A	P	V	I	U	K	K	D	M
P	D	M	R	T	J	F	Y	Y	I	K	E	R	W	T
I	N	K	F	Q	D	W	V	Y	E	K	E	O	C	D
I	M	G	S	O	L	O	E	Y	F	R	S	A	Y	G
S	T	I	L	E	M	M	A	G	G	J	S	D	O	D

ALBUM
GAMMEL
BIFALD
BERØMT
FAVORITER
GENRE
KOMPONIST
KONCERT
KUNSTNER
SANG
MUSIK
MUSIKERE
NY
ORKESTER
RYTME
SOLO
STIL
TALENT
TEKNIK

92 - Mathematatik

R	A	D	I	U	S	M	I	R	T	E	M	O	E	G
C	H	U	D	F	M	S	M	T	N	A	K	E	R	T
P	M	I	W	K	R	D	F	J	A	D	Ø	C	X	N
R	O	J	L	Z	T	E	C	Æ	K	N	R	J	B	R
E	S	L	H	U	C	R	L	R	R	I	B	B	G	E
K	Y	A	Y	C	C	K	X	F	I	E	I	S	Y	T
T	M	M	B	G	E	M	V	M	F	V	D	T	U	E
A	M	I	F	D	O	O	L	I	G	N	I	N	G	M
N	E	C	A	Q	T	N	E	N	O	P	S	K	E	A
G	T	E	F	P	A	R	A	L	L	E	L	T	L	I
E	R	D	V	I	N	K	L	E	R	M	V	A	I	D
L	I	T	A	R	I	T	M	E	T	I	K	X	I	H
K	D	I	V	I	S	I	O	N	B	B	X	N	K	H
P	A	R	A	L	L	E	L	O	G	R	A	M	C	G
M	C	X	Z	J	Z	W	V	V	S	Q	C	E	J	Y

ARITMETIK
BRØK
DECIMAL
DIVISION
TREKANT
DIAMETER
EKSPONENT
GEOMETRI
LIGNING
SFÆRE
PARALLEL
PARALLELOGRAM
POLYGON
FIRKANT
RADIUS
REKTANGEL
SUM
SYMMETRI
OMKREDS
VINKLER

93 - Messungen

K	I	L	O	M	E	T	E	R	E	T	I	L	W	D
K	J	A	V	A	D	O	U	Y	B	Y	T	E	T	E
I	H	W	T	R	D	K	U	N	H	N	R	S	O	C
L	Ø	R	P	G	E	N	I	N	I	H	A	S	N	I
O	J	G	D	A	R	G	L	M	C	M	V	A	I	M
G	D	H	H	O	B	T	I	M	A	E	K	M	G	A
R	E	D	G	N	Æ	L	D	B	F	O	O	M	M	L
A	Y	T	A	D	H	M	C	X	N	V	V	R	A	V
M	J	X	O	S	H	D	V	Z	C	Æ	L	X	X	Y
M	S	F	N	Q	F	B	A	T	P	G	N	N	T	U
R	E	T	E	M	I	T	N	E	C	T	Y	E	L	N
Q	M	T	J	M	Y	J	B	Z	A	C	C	I	N	F
H	M	V	E	B	B	J	B	H	R	S	O	A	T	G
H	O	N	H	R	D	Y	B	D	E	J	B	W	M	X
O	T	V	S	A	X	Z	R	Q	P	R	Q	J	J	Q

BREDDE
BYTE
DECIMAL
VÆGT
GRAD
GRAM
HØJDE
KILOGRAM
KILOMETER
LÆNGDE
LITER
MASSE
METER
MINUT
KVART
DYBDE
TON
OUNCE
CENTIMETER
TOMME

94 - Boxen

L	A	E	Q	W	M	M	K	R	O	F	N	Æ	V	E
G	I	T	R	U	H	O	O	C	S	O	H	V	S	U
E	S	K	A	D	E	R	D	F	V	K	C	J	L	D
N	N	D	R	H	M	T	F	S	B	U	J	B	E	M
O	E	R	E	M	M	O	D	P	T	S	I	A	F	A
P	S	W	Ø	R	Q	T	G	N	L	A	A	D	J	T
R	X	P	I	J	L	I	B	Y	V	Z	N	E	S	T
E	Q	U	D	E	H	G	I	D	R	Æ	F	D	N	E
T	F	L	E	G	E	M	E	K	R	Y	T	S	E	T
N	N	O	D	K	F	I	G	H	T	E	R	P	S	R
I	Q	R	A	R	K	F	A	A	F	J	P	A	F	C
N	I	Y	L	R	U	O	H	G	O	N	F	R	K	T
G	S	H	B	E	R	Z	L	K	G	A	T	K	L	S
H	K	L	U	I	H	F	C	K	G	J	I	E	K	G
P	E	Q	E	H	A	N	D	S	K	E	R	U	N	T

HJØRNE
ALBUE
UDMATTET
NÆVE
FÆRDIGHED
FOKUS
MODSTANDER
KLOKKE
HANDSKER
FIGHTER
SPARKE
HAGE
LEGEME
GENOPRETNING
DOMMER
HURTIG
REB
STYRKE
SKADER

95 - Psychologie

I	W	W	H	M	K	S	P	R	O	B	L	E	M	V
Y	M	H	Q	K	K	O	O	M	Z	A	H	M	M	K
U	E	J	D	K	X	D	N	E	H	E	A	M	U	O
B	N	X	G	P	G	X	G	F	D	G	T	Ø	K	G
E	S	D	W	U	A	X	F	M	L	N	E	R	L	N
V	E	R	E	N	Z	E	O	H	U	I	F	D	I	I
I	N	Æ	L	R	C	S	V	C	I	R	K	L	N	T
D	S	F	A	E	B	L	I	D	E	E	R	T	I	I
S	A	D	T	K	Q	E	I	Z	K	D	K	B	S	O
T	T	A	F	N	E	T	V	W	U	R	H	A	K	N
L	I	L	A	A	G	T	E	I	D	U	O	R	B	X
Ø	O	Q	G	T	O	A	Z	R	D	V	D	N	H	E
S	N	Y	Q	U	L	F	V	M	A	S	O	D	O	E
V	L	E	K	M	C	P	D	N	I	P	T	O	Q	O
K	K	T	B	J	L	O	M	Q	F	G	I	M	B	O

VURDERING
BEVIDSTLØS
EGO
TANKER
IDEER
BARNDOM
KLINISK
KOGNITION
KONFLIKT
PROBLEM
SENSATION
AFTALE
TERAPI
DRØMME
UNDERBEVIDST
ADFÆRD
OPFATTELSE

96 - Bauernhof #2

G	R	Ø	N	T	S	A	G	K	L	Æ	M	L	K	K
H	C	A	D	N	A	M	D	N	A	L	A	A	F	U
M	V	D	B	J	S	W	A	Q	M	D	N	D	R	N
O	T	E	Z	L	C	Z	K	J	C	Y	D	E	U	S
D	B	A	D	W	J	Z	G	K	S	B	R	U	G	T
E	X	F	U	E	Q	J	M	R	I	N	Y	P	T	V
N	V	I	N	D	M	Ø	L	L	E	Y	A	G	H	A
I	S	C	Z	F	C	H	I	N	G	B	O	V	Z	N
F	R	H	P	P	L	H	C	Z	J	I	N	T	L	D
N	O	L	V	T	F	J	R	Y	E	K	X	R	H	I
W	T	U	Y	W	L	H	E	K	J	U	U	B	Z	N
U	K	A	J	N	U	D	R	V	V	B	M	C	F	G
L	A	M	A	P	A	O	B	P	N	E	O	F	O	K
X	R	F	R	U	G	T	H	A	V	E	P	Å	Y	L
C	T	M	E	E	N	G	H	Y	R	D	E	R	V	K

LANDMAND
KUNSTVANDING
BIKUBE
AND
FRUGT
GRØNTSAG
BYG
LAMA
LAM
MAJS
MÆLK
FRUGTHAVE
MODEN
FÅR
HYRDE
LADE
TRAKTOR
HVEDE
ENG
VINDMØLLE

97 - Gartenarbeit

K	S	I	N	A	T	O	B	F	B	Q	G	S	A	M
O	F	S	Y	H	K	Q	J	X	W	R	Y	C	V	J
M	Y	V	D	P	V	R	K	I	R	E	W	P	B	I
P	Z	V	N	J	E	V	A	H	T	G	U	R	F	S
O	G	I	P	Y	G	R	Ø	B	I	I	K	G	D	M
S	X	I	E	J	N	G	I	L	E	S	I	P	S	U
T	Y	U	H	N	A	T	N	S	C	R	I	L	B	D
H	O	C	F	Z	L	Y	K	T	Y	K	N	A	E	S
F	T	M	E	T	S	E	B	N	O	S	Æ	S	H	F
O	U	Y	E	S	K	G	L	L	S	K	U	F	O	R
Y	N	G	R	M	T	E	K	U	B	U	M	P	L	Ø
Y	Q	Q	T	O	D	R	O	J	B	L	A	D	D	B
U	E	N	K	L	I	M	A	Q	H	H	B	U	E	A
V	A	N	D	B	E	K	S	O	T	I	S	K	R	N
B	H	O	O	S	Q	P	V	F	Y	S	F	J	V	R

ART
BLAD
BLOMST
JORD
BOTANISK
BEHOLDER
SPISELIG
EKSOTISK
FUGT
KLIMA
KOMPOST
LØV
FRUGTHAVE
FRØ
SÆSONBESTEMT
SLANGE
SMUDS
BUKET
VAND

98 - Berufe #2

L	I	L	L	U	S	T	R	A	T	O	R	O	Z	Z
X	Æ	P	I	L	O	T	G	S	T	R	E	O	M	O
B	E	G	Æ	L	D	N	A	T	J	L	R	H	S	O
X	I	R	E	N	T	R	A	G	O	L	O	I	B	L
J	M	B	P	G	U	M	E	S	R	O	C	B	B	O
O	H	I	L	V	A	Z	I	T	B	L	W	R	O	G
U	F	N	K	I	N	X	P	G	K	I	R	U	R	G
R	O	G	K	T	O	F	O	S	O	L	I	F	I	R
N	T	E	R	K	R	T	O	T	M	S	S	P	L	T
A	O	N	J	E	T	R	E	R	V	M	Z	V	Æ	M
L	G	I	H	T	S	T	V	K	S	X	G	Z	R	A
I	R	Ø	C	E	A	L	E	A	A	K	A	R	E	L
S	A	R	A	D	Y	Y	R	W	W	R	E	C	R	E
T	F	L	I	N	G	V	I	S	T	K	I	R	A	R
L	Z	T	O	P	F	I	N	D	E	R	T	V	Y	G

LÆGE
ASTRONAUT
BIBLIOTEKAR
BIOLOG
KIRURG
DETEKTIV
OPFINDER
FORSKER
FOTOGRAF
GARTNER
ILLUSTRATOR
INGENIØR
JOURNALIST
LÆRER
LINGVIST
MALER
FILOSOF
PILOT
TANDLÆGE
ZOOLOG

99 - Wetter

S	T	O	R	M	W	K	Q	B	G	W	O	S	U	E
I	H	D	R	L	Y	N	Y	C	D	U	R	J	D	O
D	M	A	Ø	E	G	Å	T	M	S	K	K	N	F	Z
M	M	N	T	B	G	I	N	O	K	J	A	F	P	C
I	B	R	I	S	E	N	I	W	D	N	N	U	S	R
J	V	O	N	G	L	L	B	H	I	M	M	E	L	B
Z	S	T	V	O	Z	B	P	U	M	O	N	S	U	N
O	T	J	X	K	B	Y	O	U	E	S	Q	S	R	H
A	T	M	O	S	F	Æ	R	E	T	G	L	K	S	U
M	Z	T	U	I	H	Z	Q	O	Ø	Z	X	Y	K	D
I	B	O	Y	P	H	S	Y	G	R	F	U	N	X	U
L	H	R	I	O	J	J	Z	L	K	R	W	V	E	A
K	N	D	U	R	E	Z	R	O	E	V	I	N	D	R
W	V	E	X	T	T	E	M	P	E	R	A	T	U	R
Y	I	N	I	P	O	L	A	R	Q	P	W	T	K	Q

ATMOSFÆRE
LYN
BRISE
TORDEN
TØRKE
IS
HIMMEL
ORKAN
KLIMA
MONSUN
TÅGE
POLAR
REGNBUE
STORM
TEMPERATUR
TORNADO
TØR
TROPISK
VIND
SKY

100 - Chemie

K	I	N	W	R	K	V	A	L	K	A	L	I	S	K
U	O	A	M	K	W	F	Æ	T	I	S	B	O	O	T
L	N	D	J	D	I	D	Y	S	L	T	R	I	S	E
S	K	G	A	Q	L	S	E	R	K	B	C	W	J	M
T	W	X	Q	R	T	G	Æ	V	N	E	A	D	L	P
O	A	B	Z	O	M	M	B	X	O	Q	M	C	Ø	E
F	E	A	R	T	N	I	R	B	I	Z	C	S	K	R
P	N	H	W	A	E	L	E	K	T	R	O	N	O	A
X	Z	K	K	S	A	G	K	X	K	J	Q	G	L	T
O	Y	A	D	Y	Y	F	H	M	A	W	T	U	O	U
V	M	M	O	L	E	K	Y	L	E	S	M	O	G	R
J	I	A	C	A	R	M	Z	R	R	A	E	P	I	O
O	V	B	N	T	Y	Z	R	I	H	L	S	Z	S	L
U	C	N	Q	A	S	Q	X	A	N	T	R	L	K	K
D	I	Z	I	K	U	I	E	E	V	I	Q	K	U	Q

ALKALISK
KLOR
ELEKTRON
ENZYM
VÆSKE
GAS
VÆGT
VARME
ION
KATALYSATOR
KULSTOF
MOLEKYLE
ØKOLOGISK
REAKTION
SALT
ILT
SYRE
TEMPERATUR
BRINT

1 - Gesundheit und Wellness #2

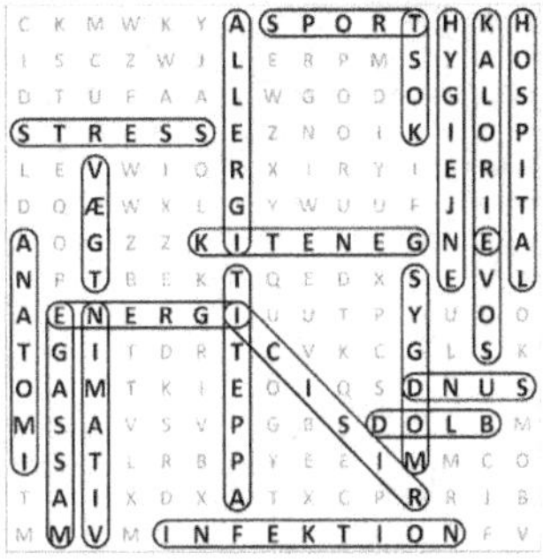

2 - Ozean

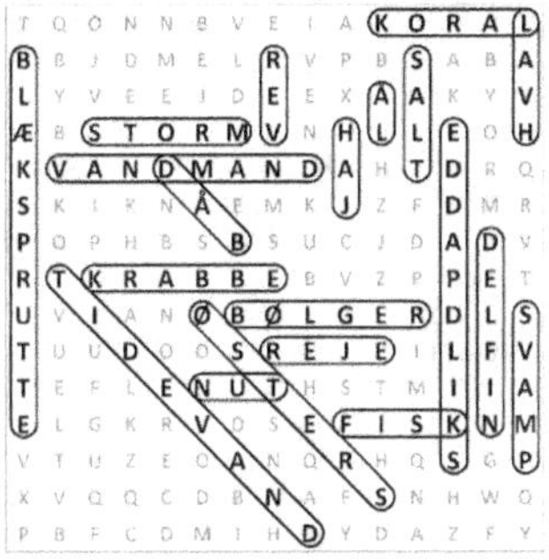

3 - Krankheit

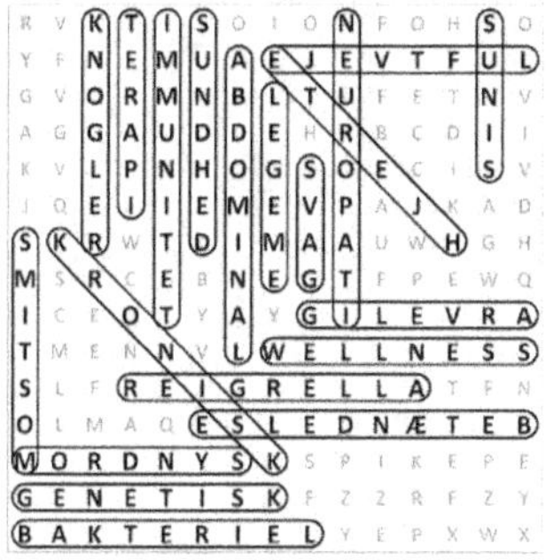

4 - Meditation

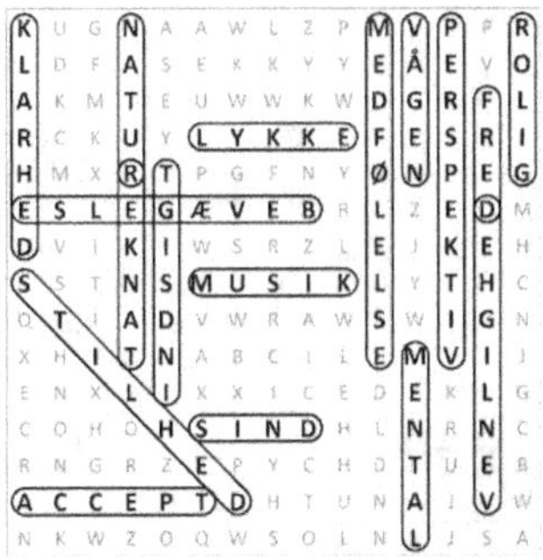

5 - Archäologie

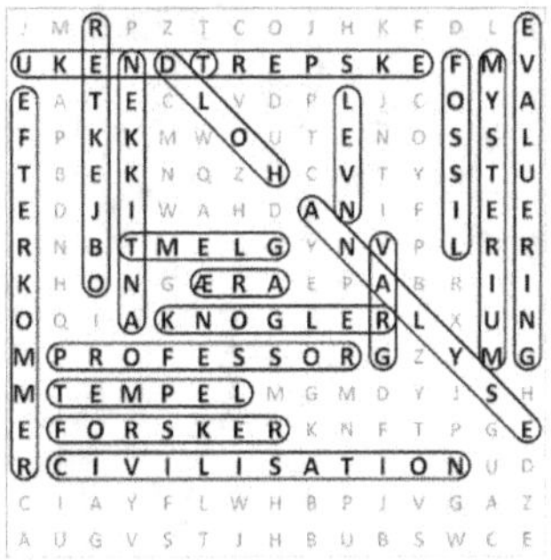

6 - Insekten

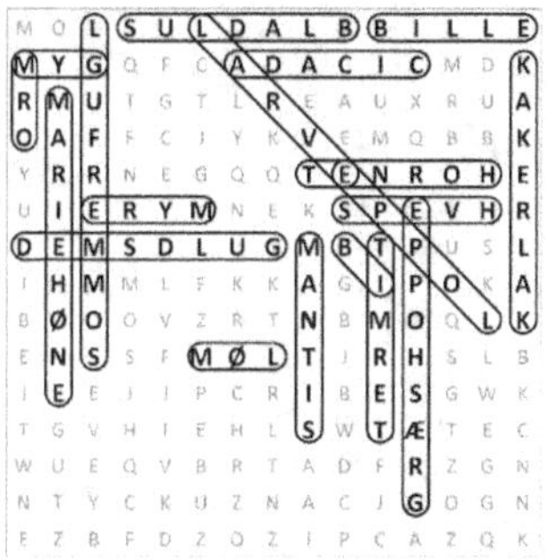

7 - Gesundheit und Wellness #1

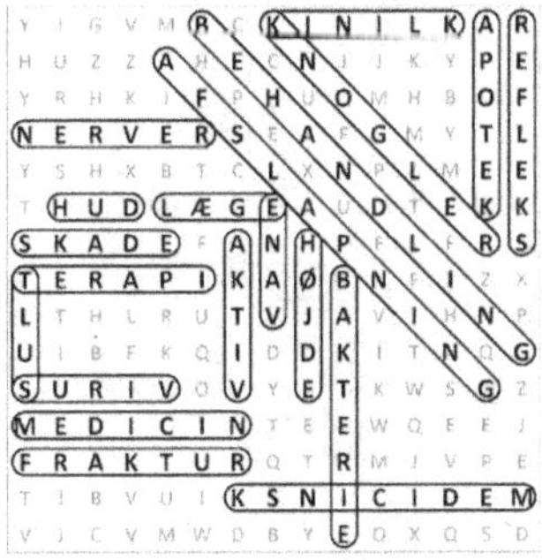

8 - Obst

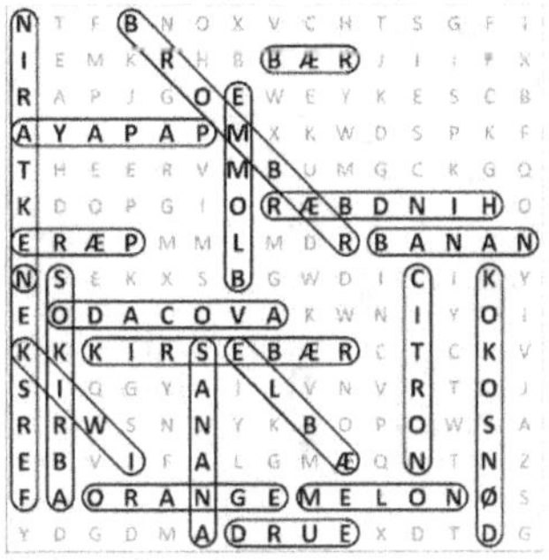

9 - Universum

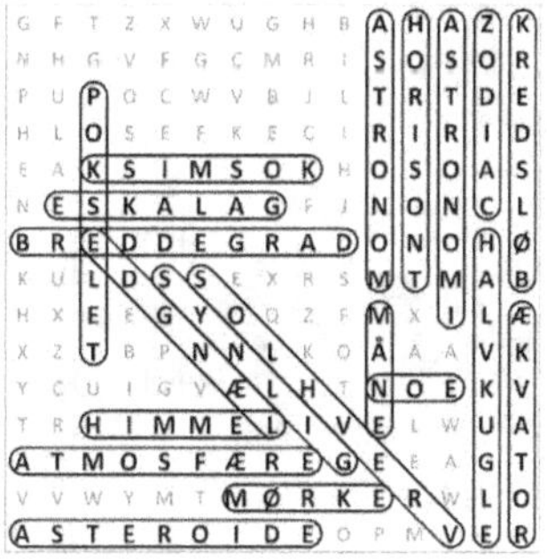

10 - Camping

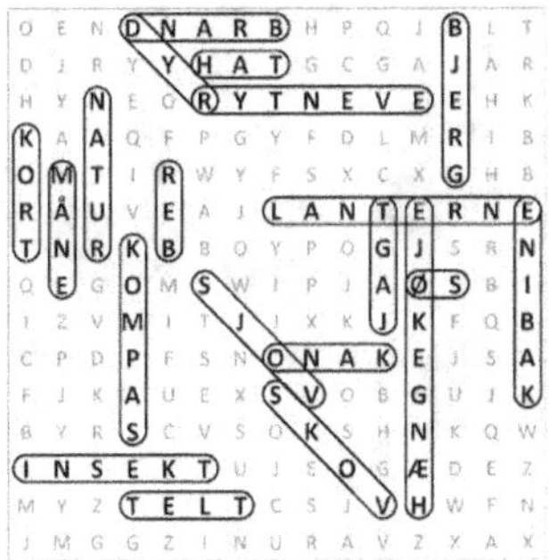

11 - Zeit

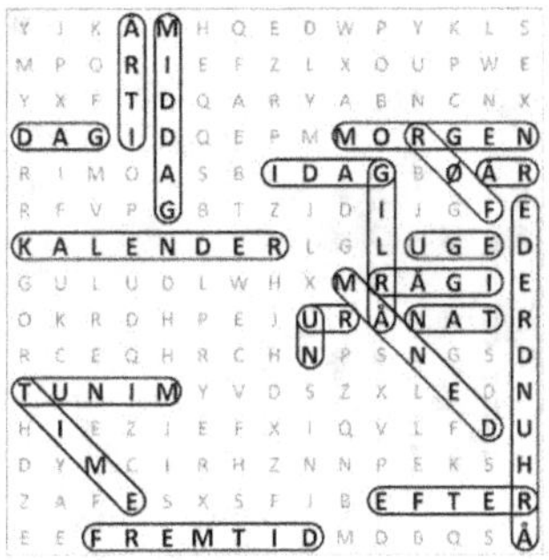

12 - Säugetiere

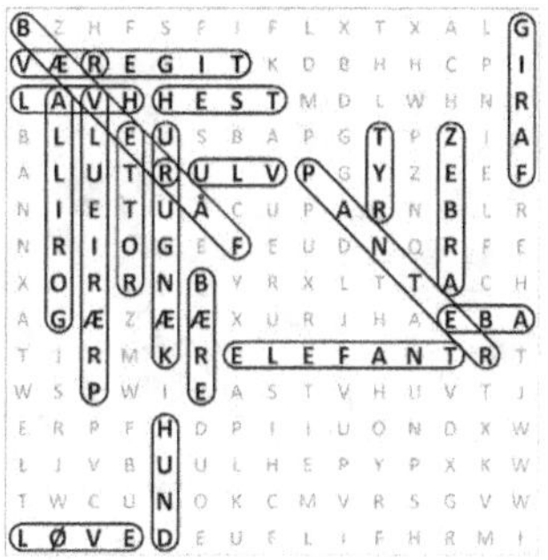

13 - Algebra

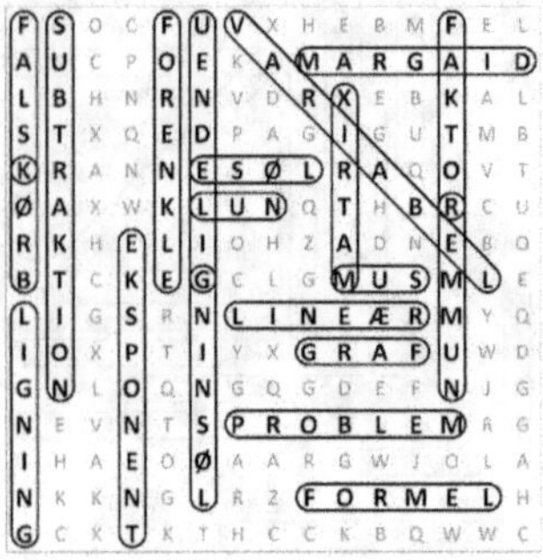

14 - Philanthropie

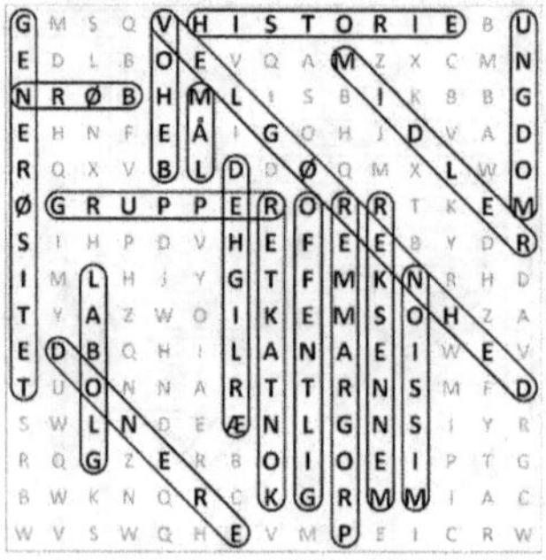

15 - Diplomatie

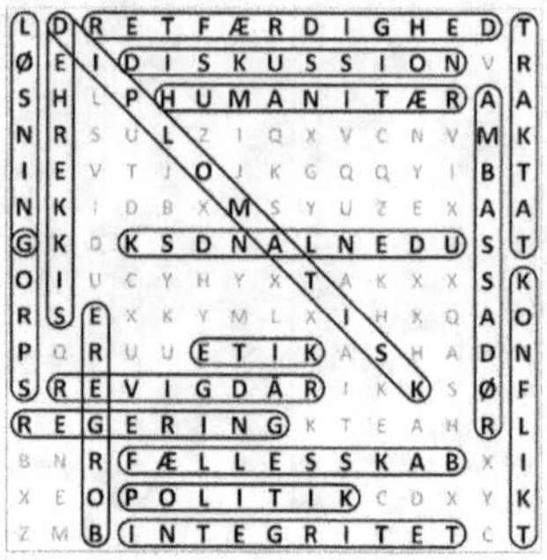

16 - Astronomie

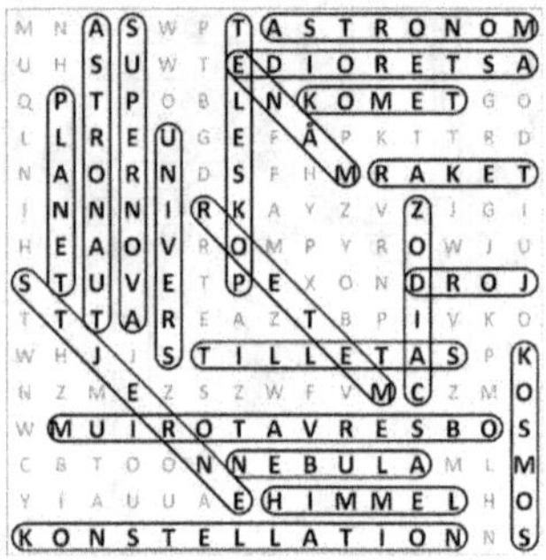

17 - Ballett

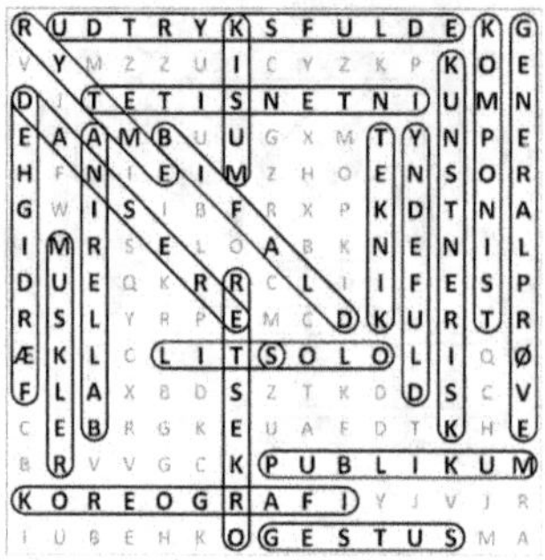

18 - Geologie

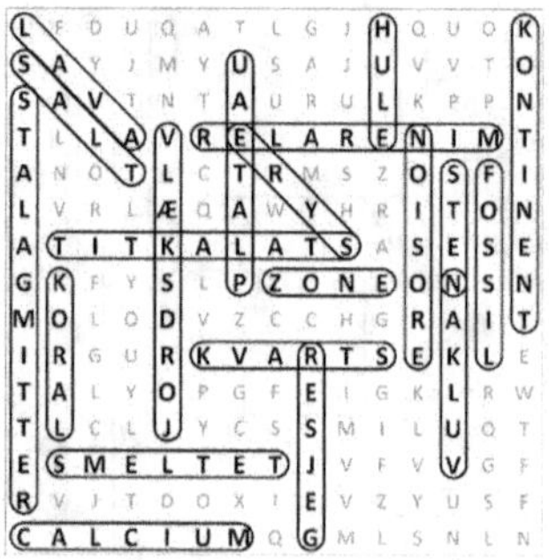

19 - Wissenschaft

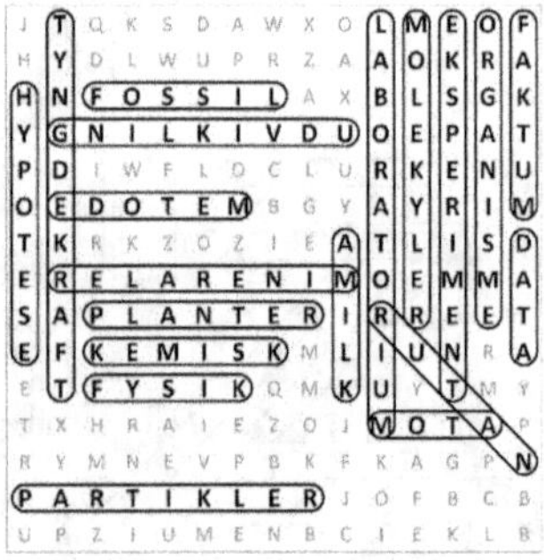

20 - Bildende Kunst

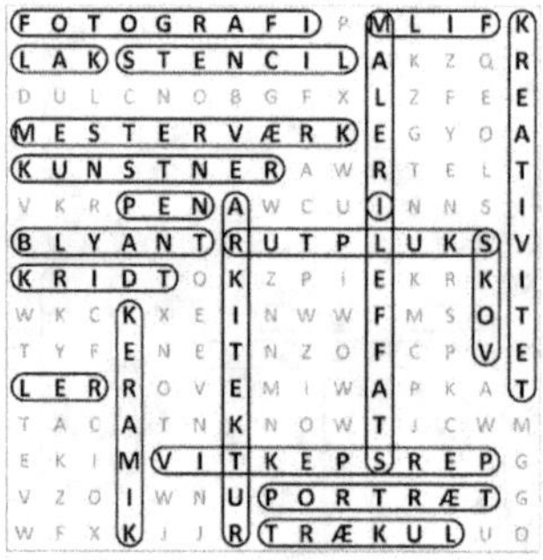

21 - Mythologie

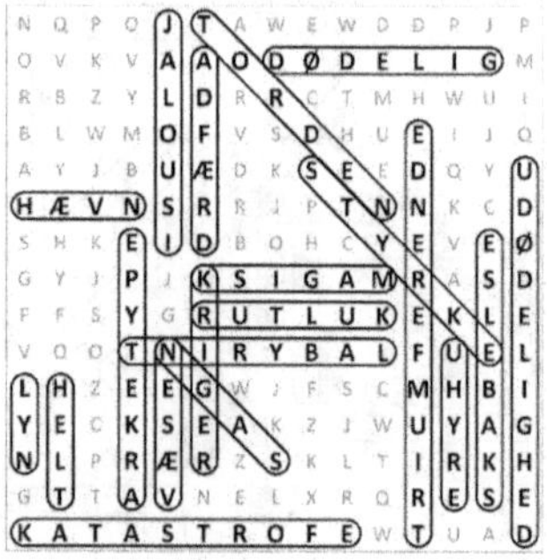

22 - Restaurant #2

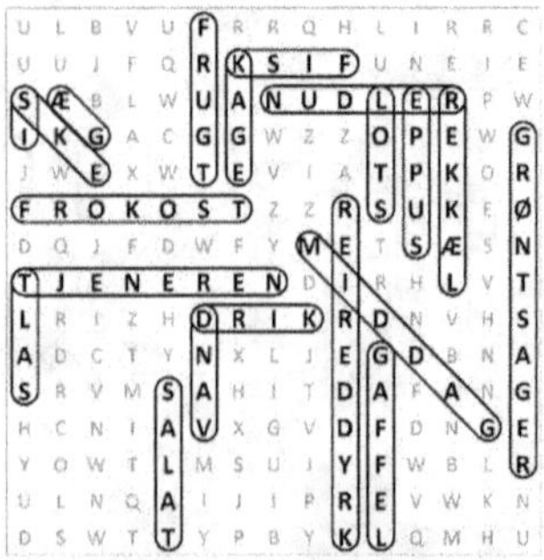

23 - Ökologie

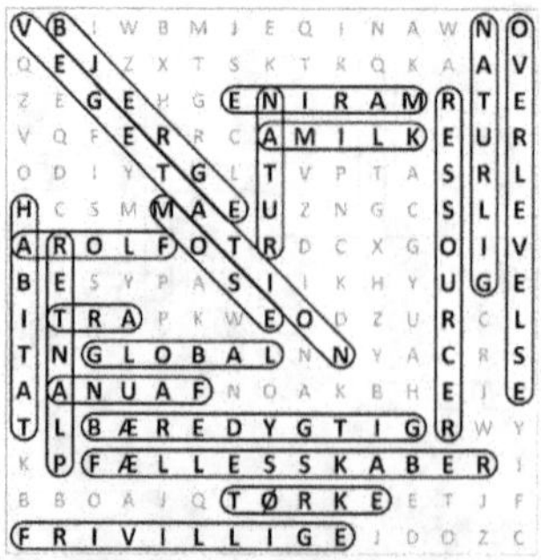

24 - Schokolade

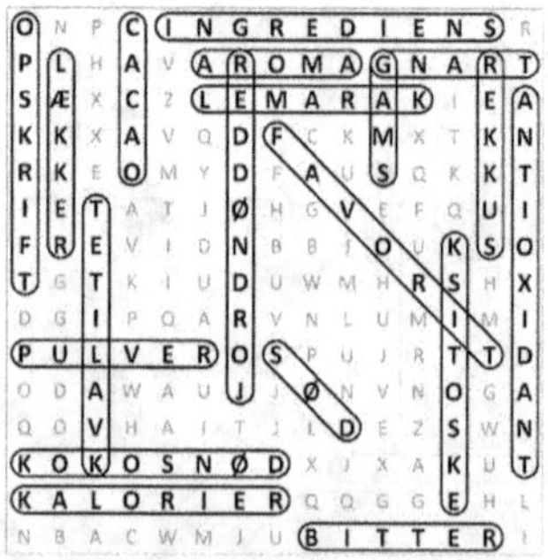

25 - Boote

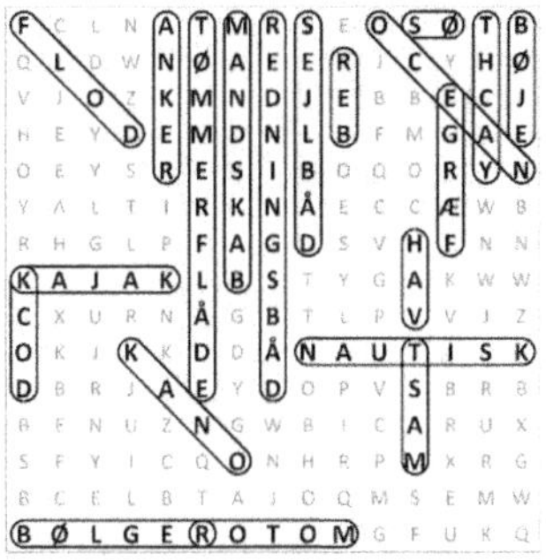

26 - Stadt

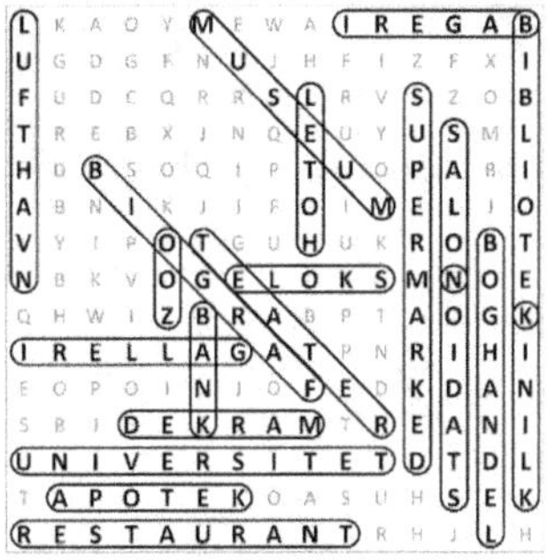

27 - Aktivitäten

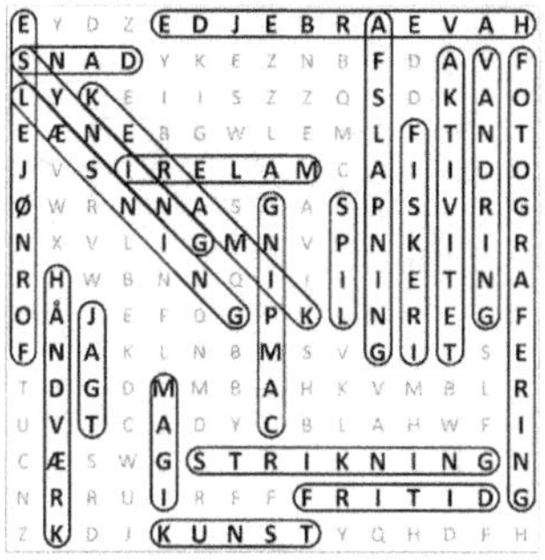

28 - Bienen

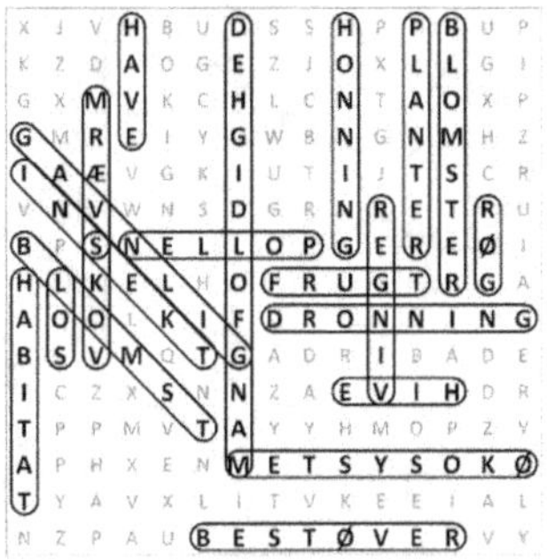

29 - Wissenschaftliche

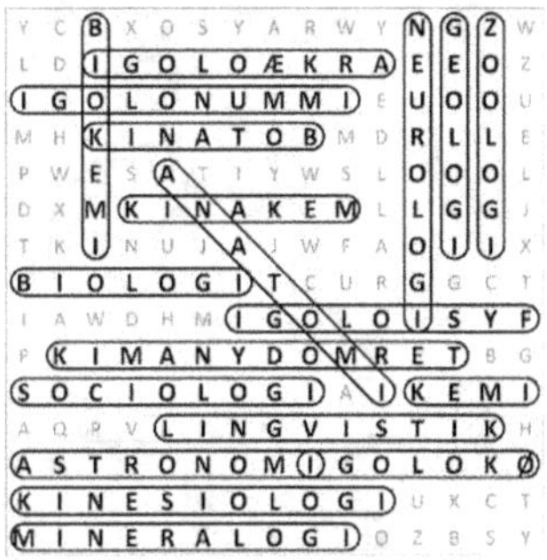

30 - Vögel

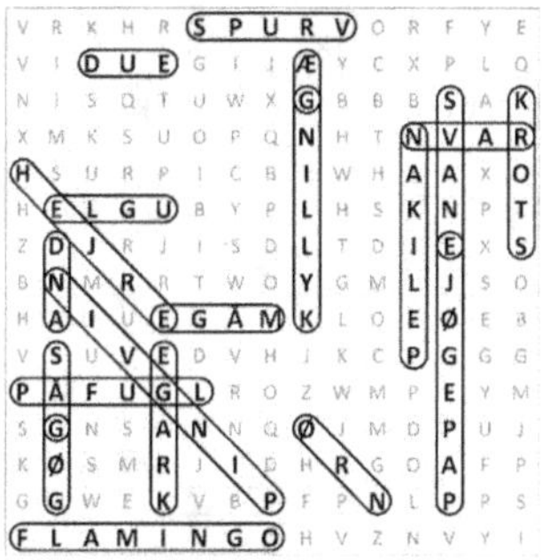

31 - Biologie

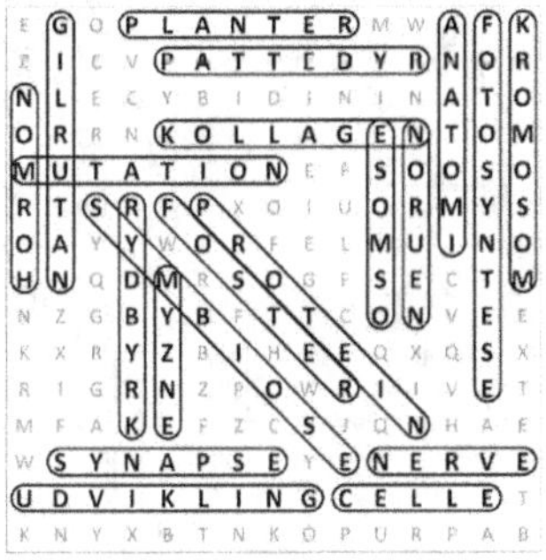

32 - Garten

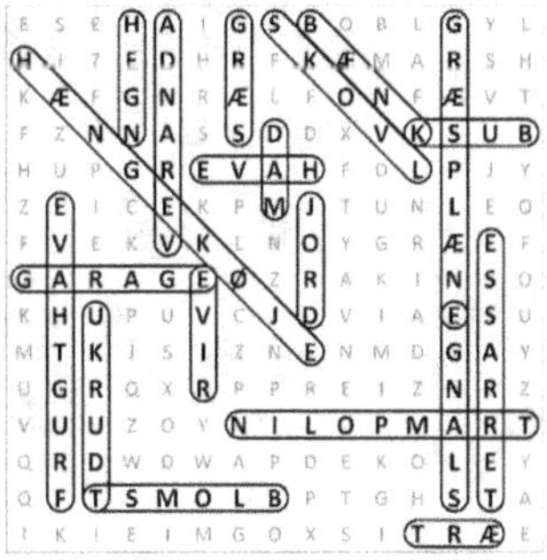

33 - Antarktis

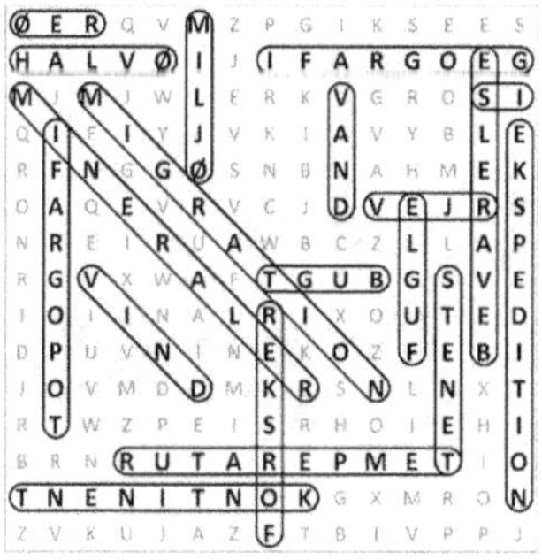

34 - Fahren

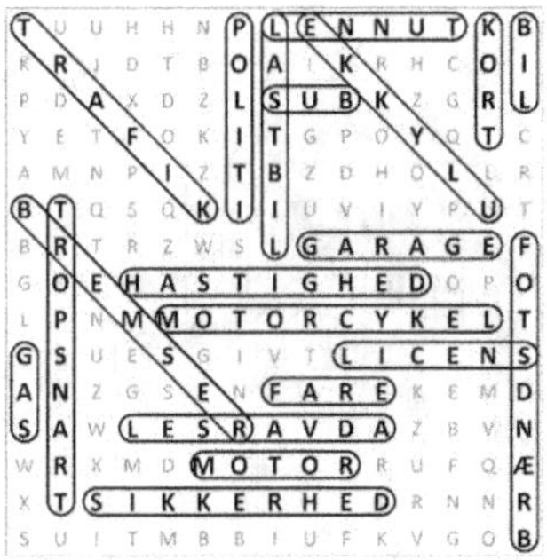

35 - Physik

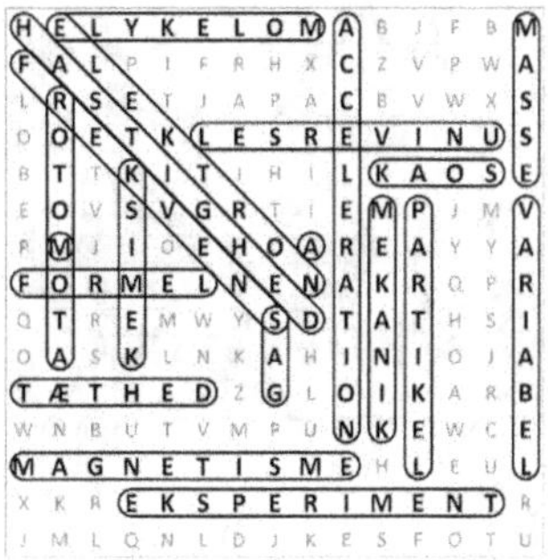

36 - Bücher

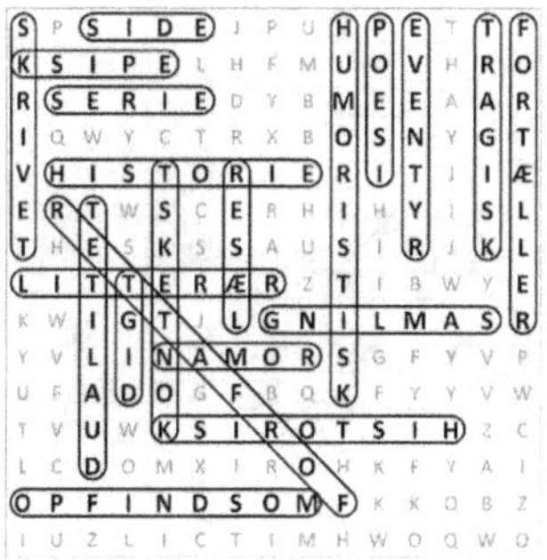

37 - Menschlicher Körper

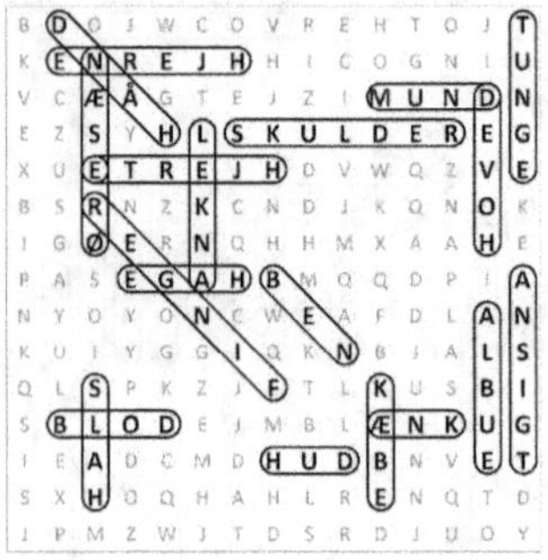

38 - Agronomie

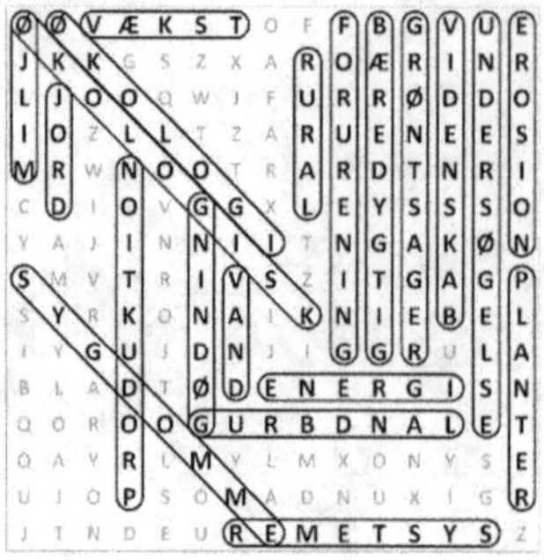

39 - Landschaften

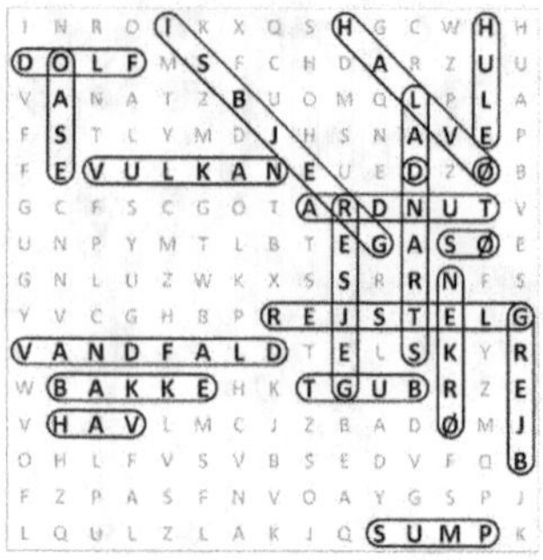

40 - Abenteuer

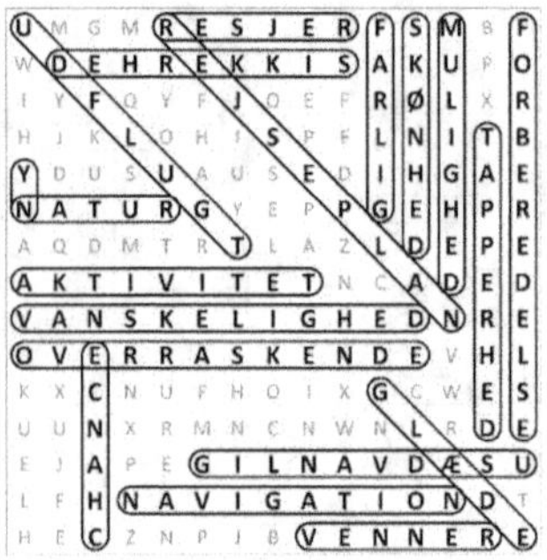

41 - Flugzeuge

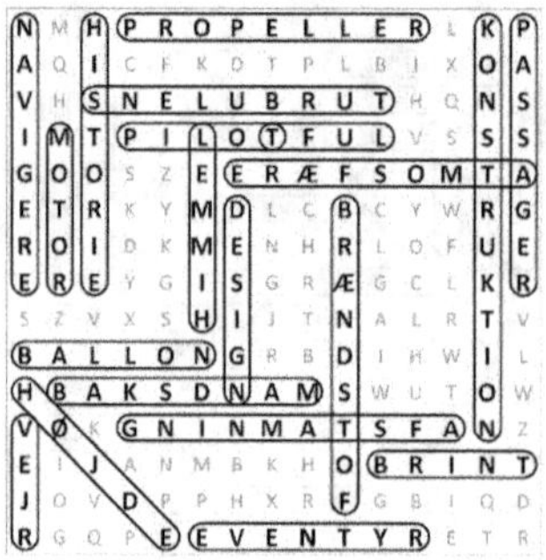

42 - Haartypen

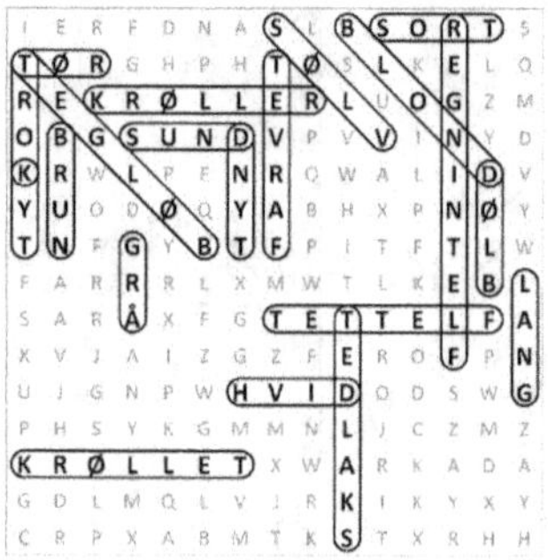

43 - Essen #1

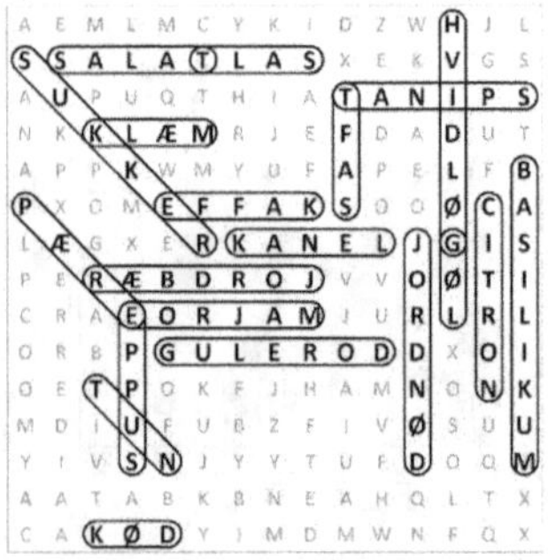

44 - Gebäude

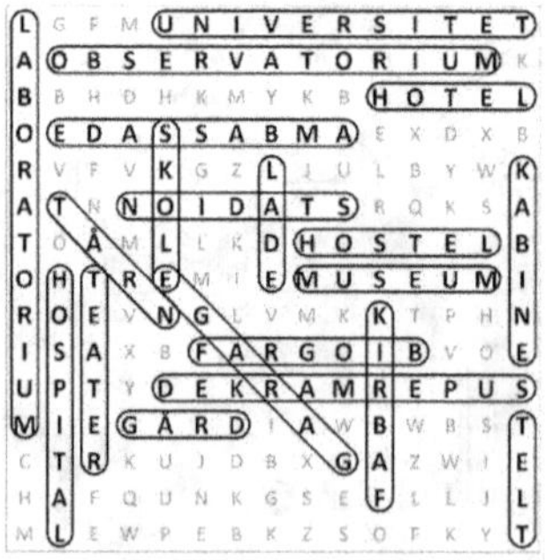

45 - Mode

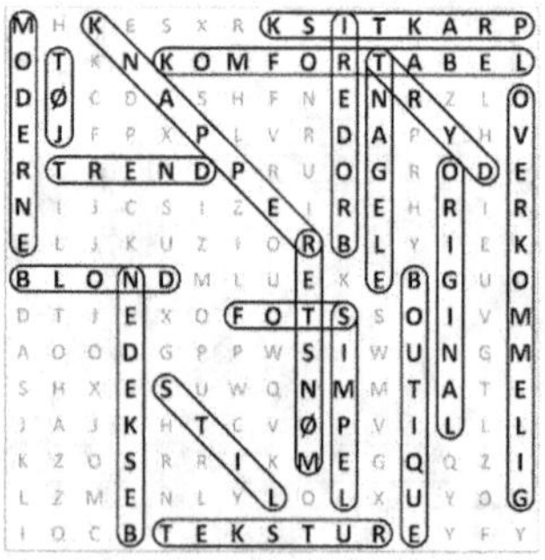

46 - Essen #2

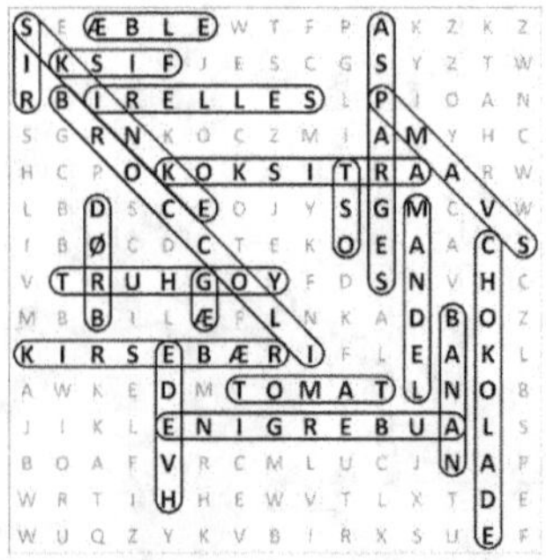

47 - Energie

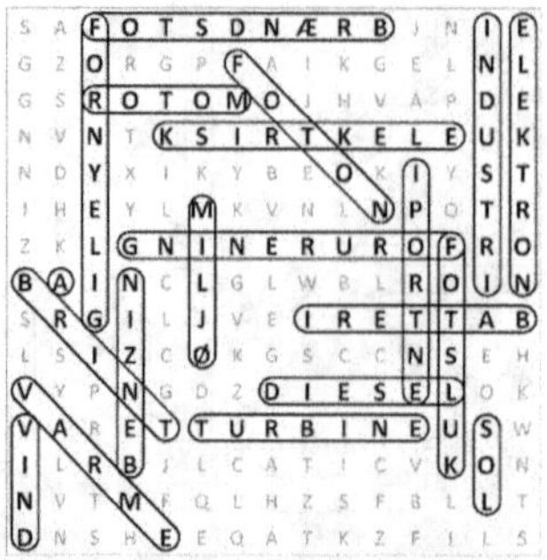

48 - Familie

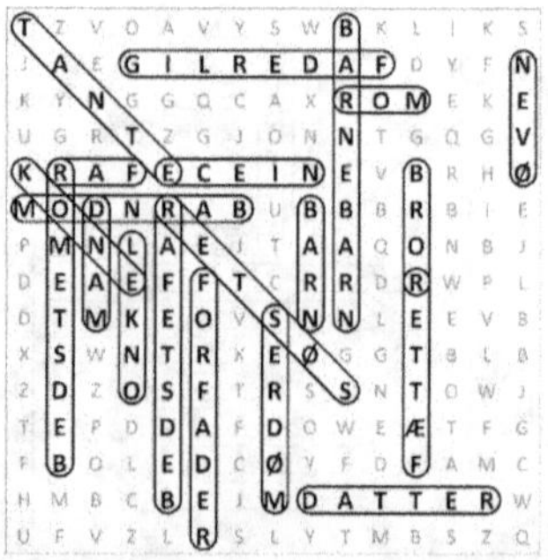

49 - Pflanzen

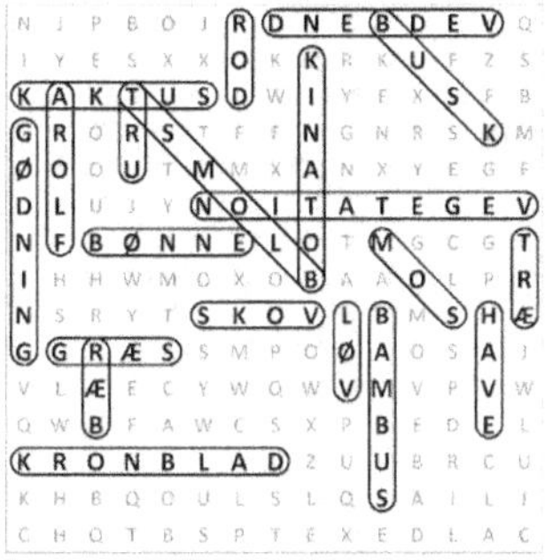

50 - Kunst

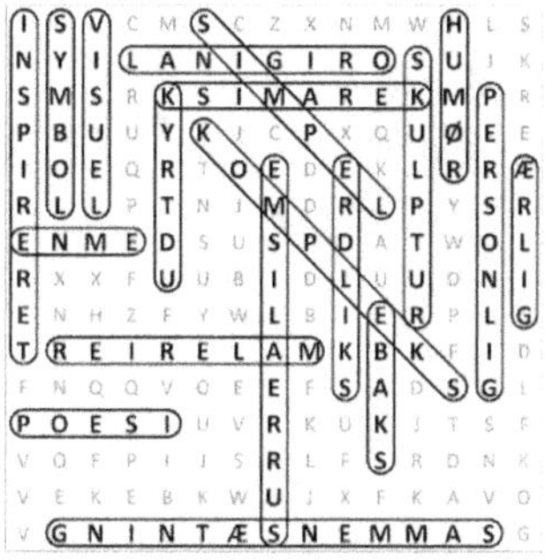

51 - Gewürze

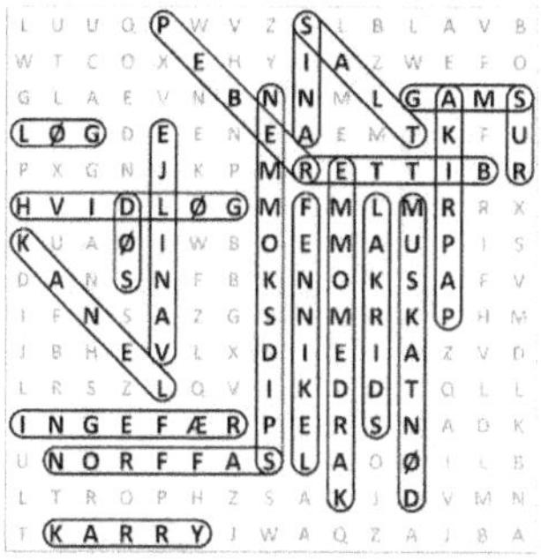

52 - Kreativität

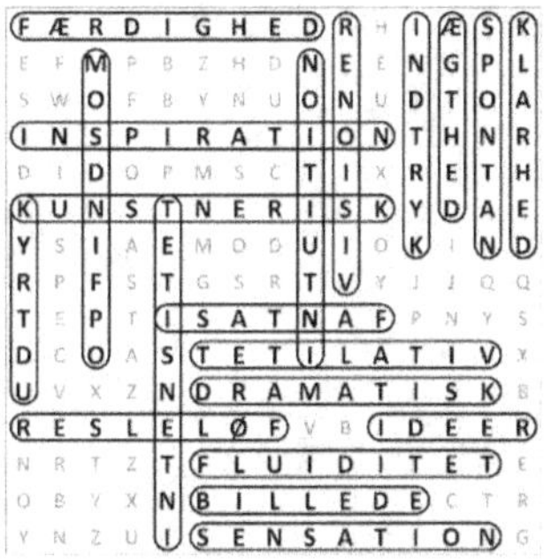

53 - Geschäft

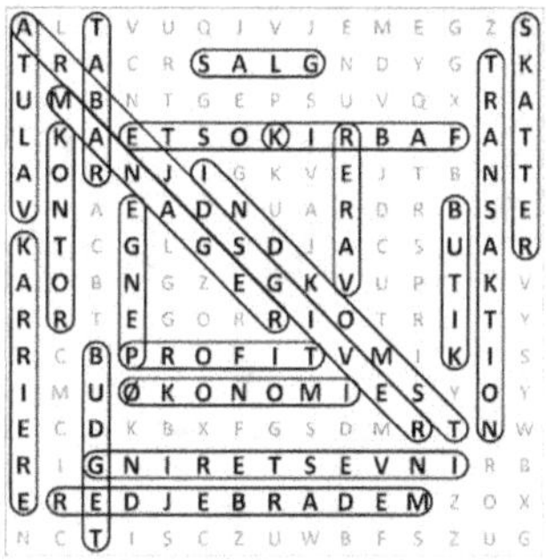

54 - Ingenieurwesen

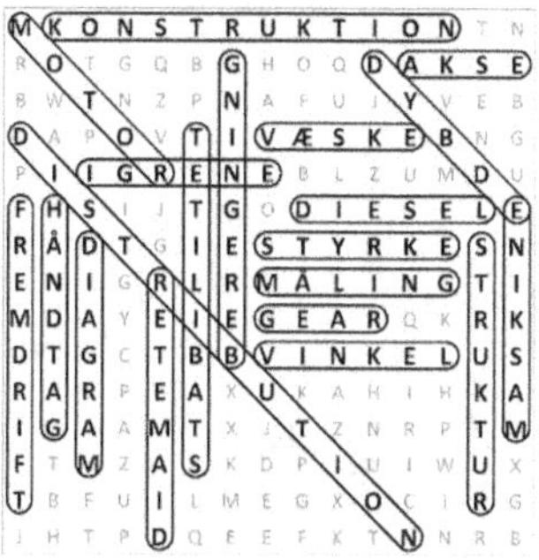

55 - Gemüse

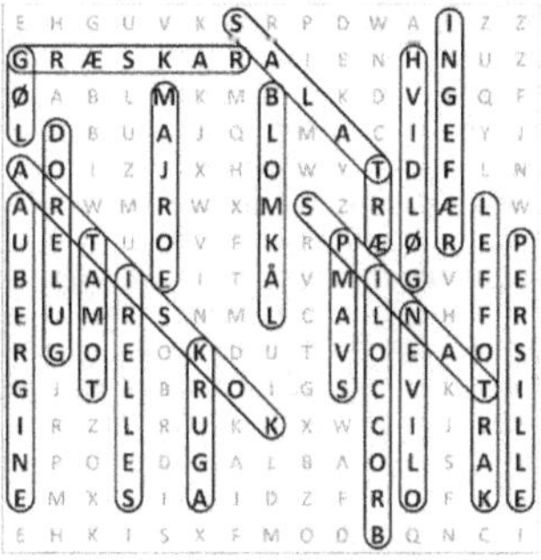

56 - Schönheit

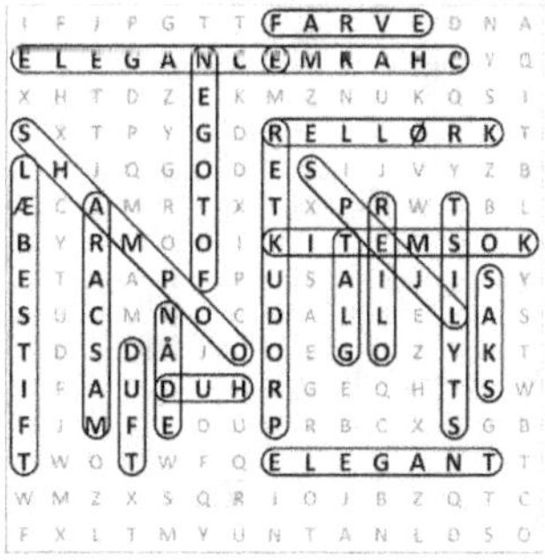

57 - Tanzen

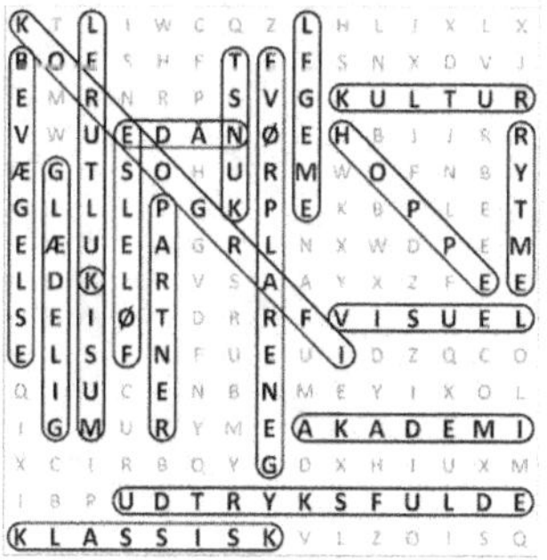

58 - Ernährung

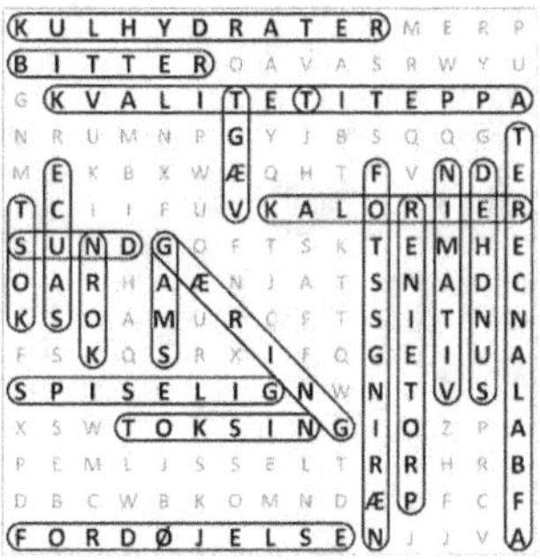

59 - Länder #1

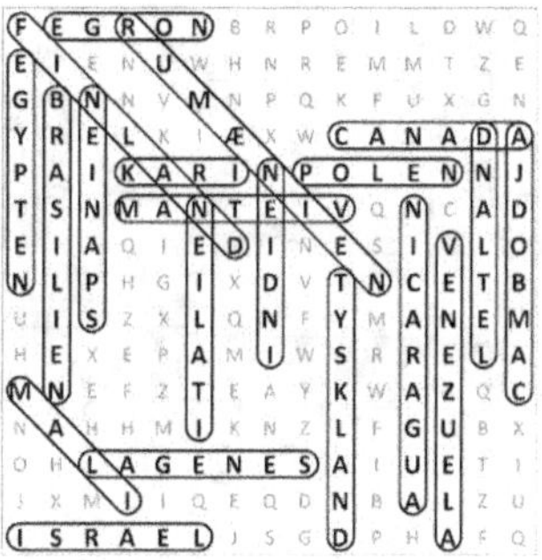

60 - Science Fiction

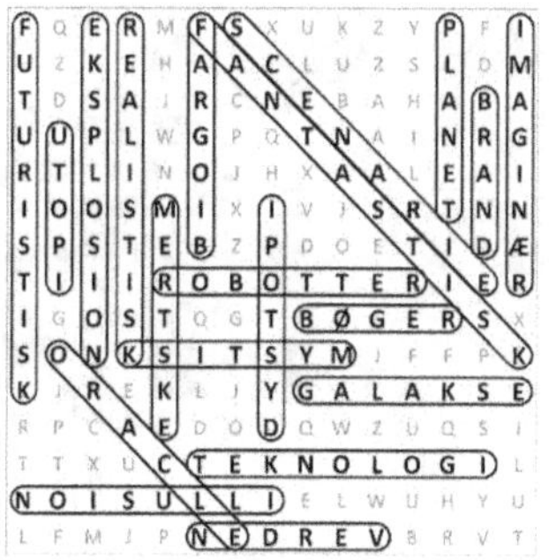

61 - Literatur

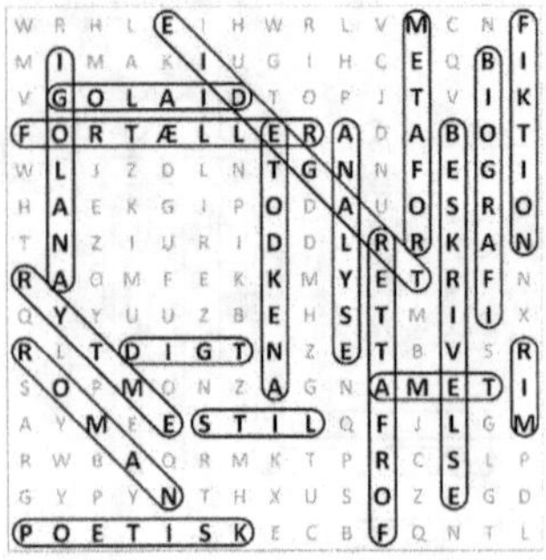

62 - Wandern

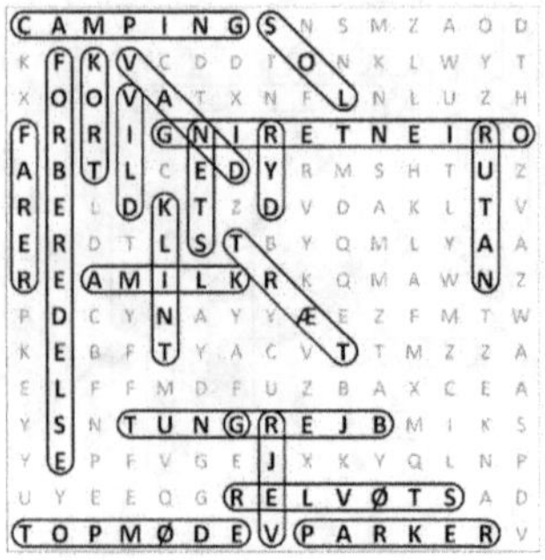

63 - Globale Erwärmung

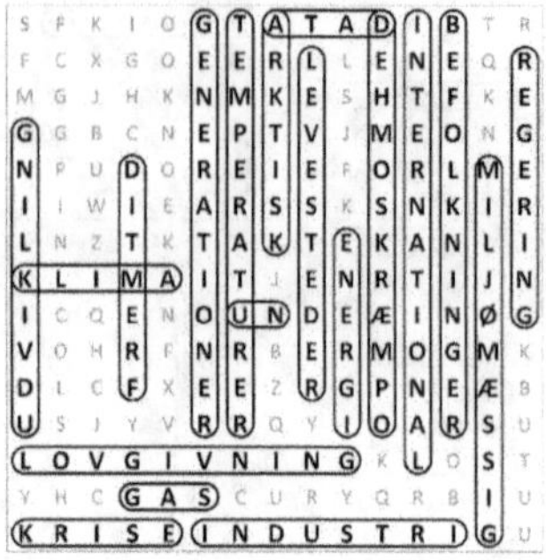

64 - Länder #2

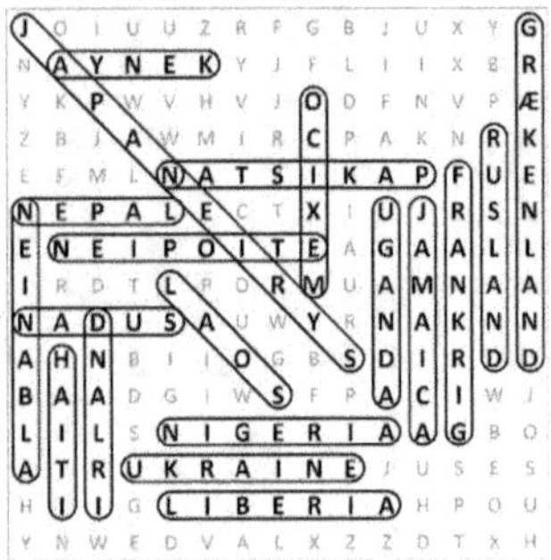

65 - Fahrzeuge

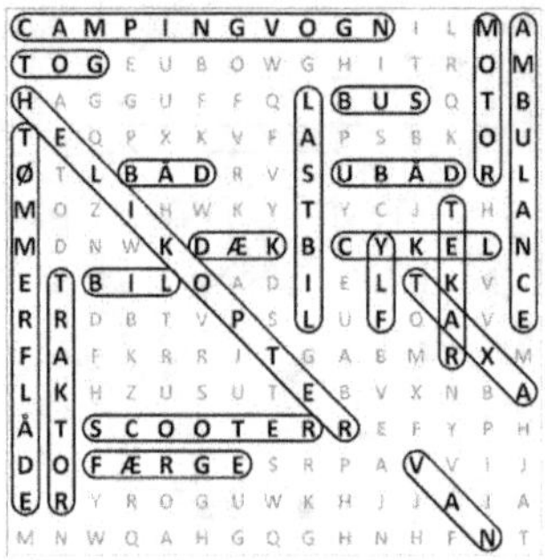

66 - Musikinstrumente

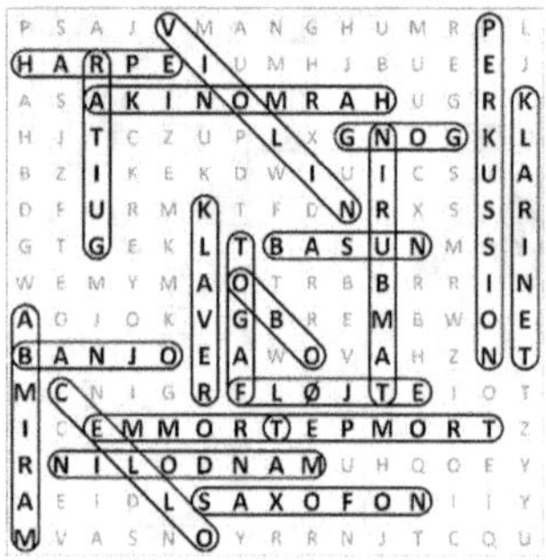

67 - Blumen

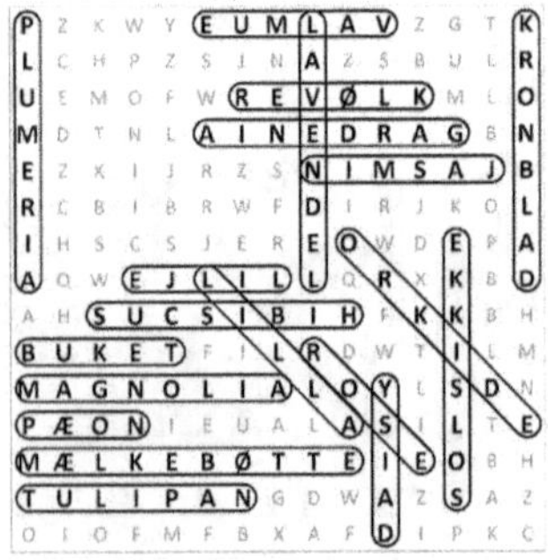

68 - Natur

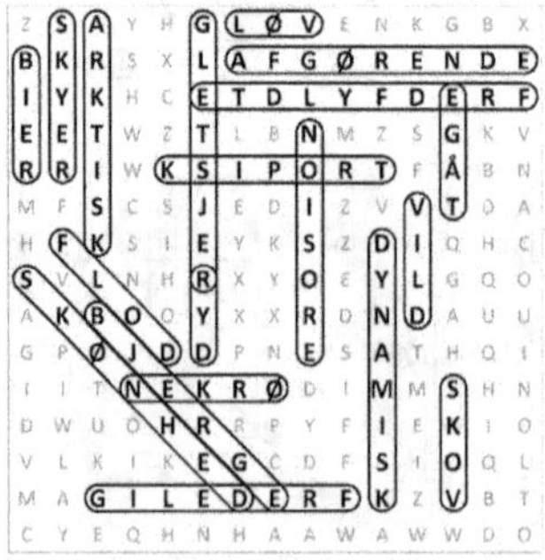

69 - Urlaub #2

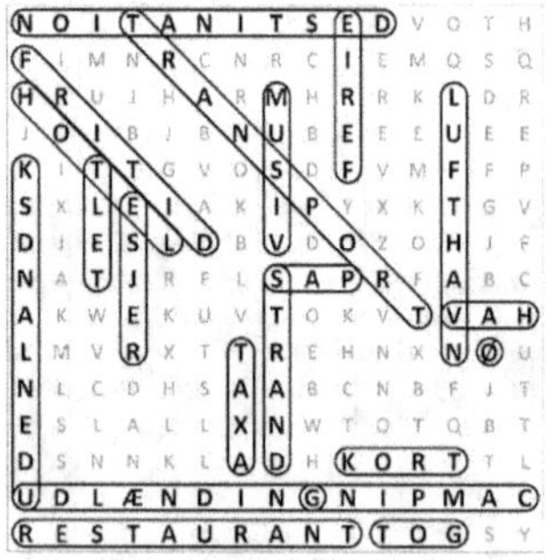

70 - Barbecues

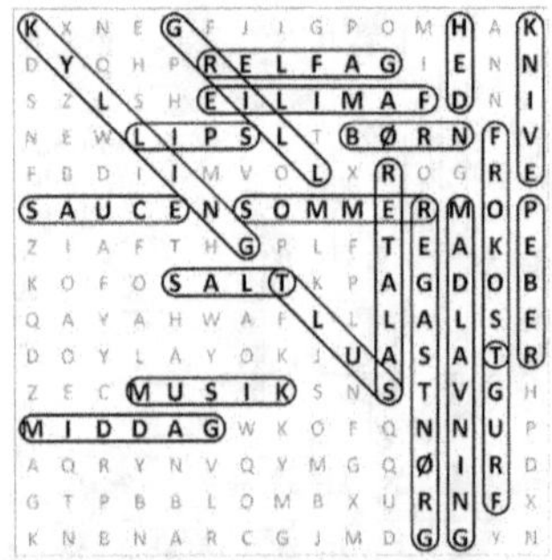

71 - Küche

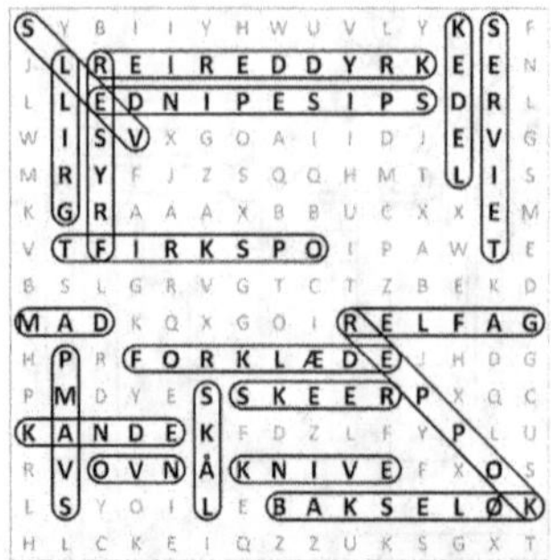

72 - Geographie

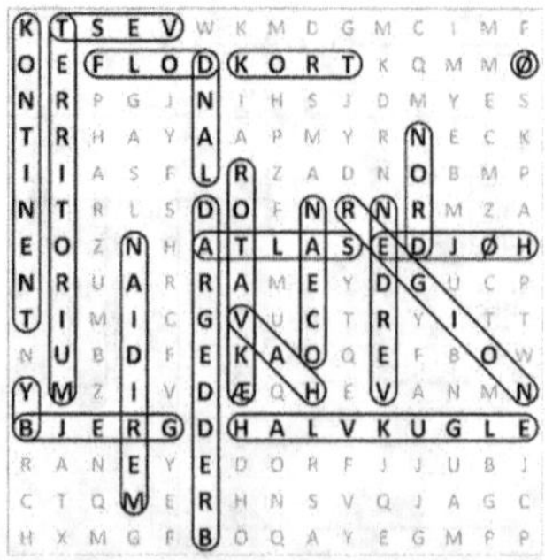

73 - Zahlen

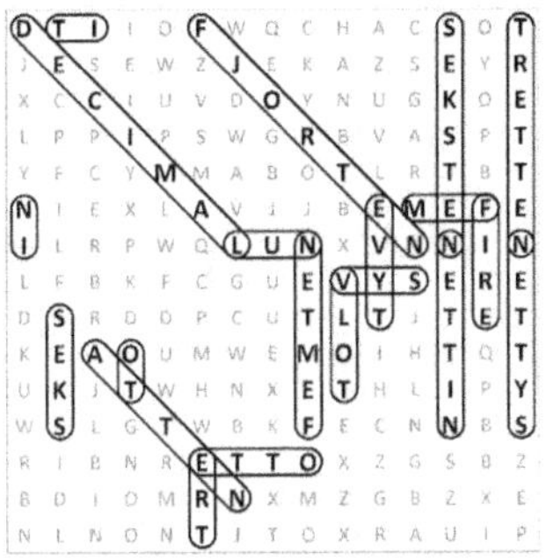

74 - Tage und Monate

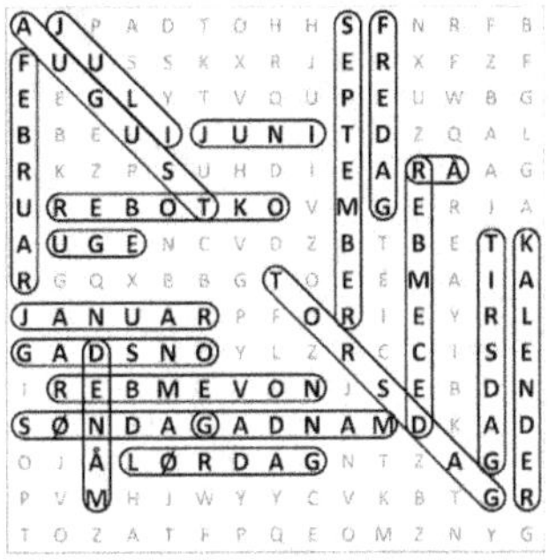

75 - Emotionen

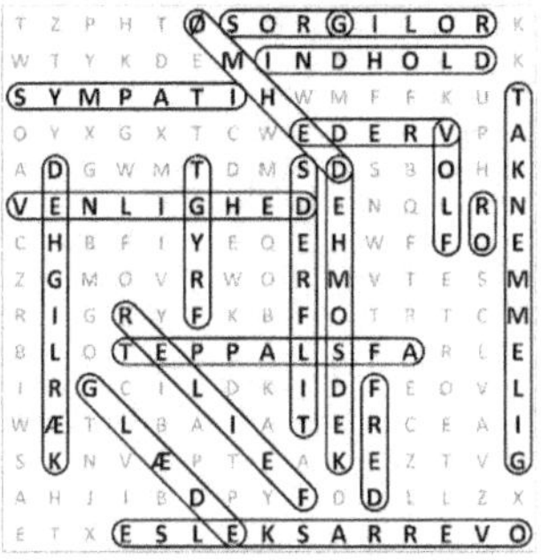

76 - Das Unternehmen

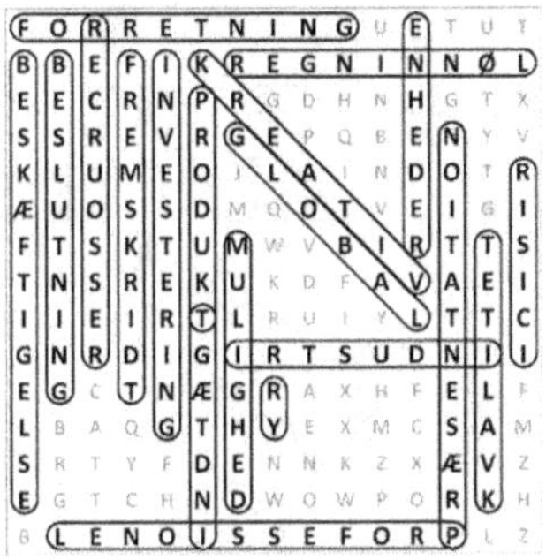

77 - Kräuterkunde

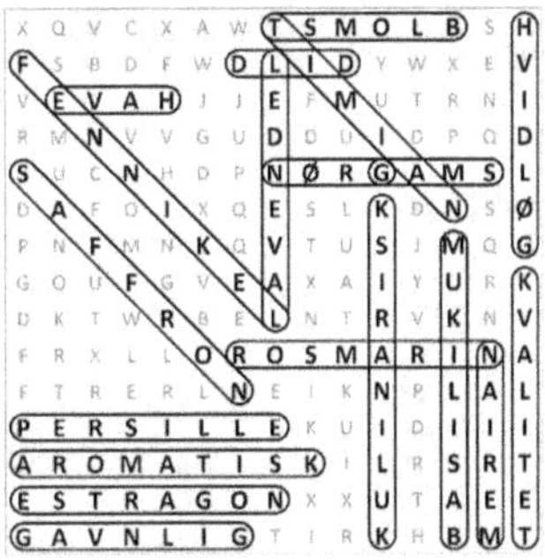

78 - Aktivitäten und Freizeit

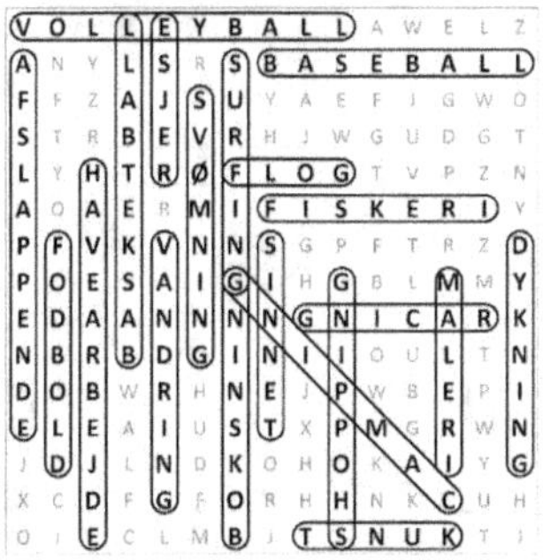

79 - Formen

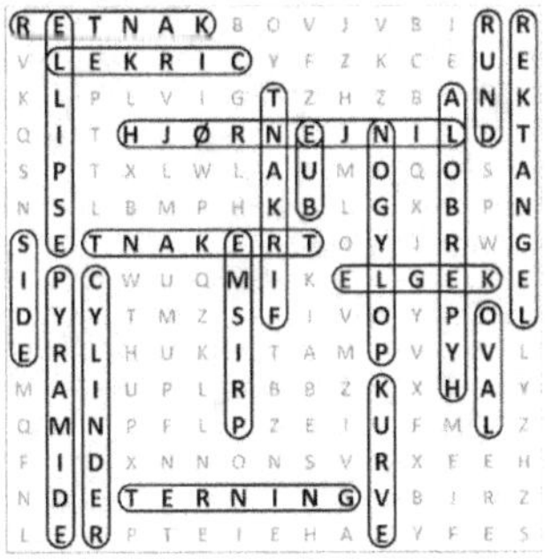

80 - Musik

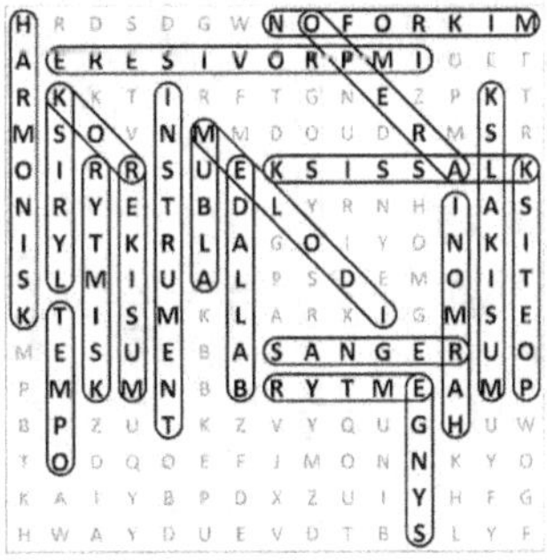

81 - Antiquitäten

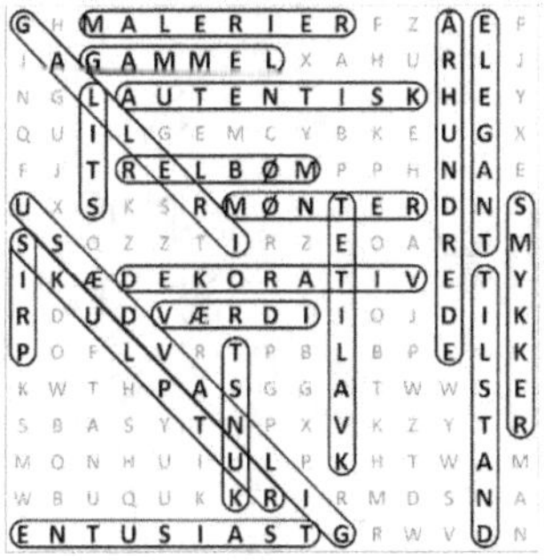

82 - Adjektive #2

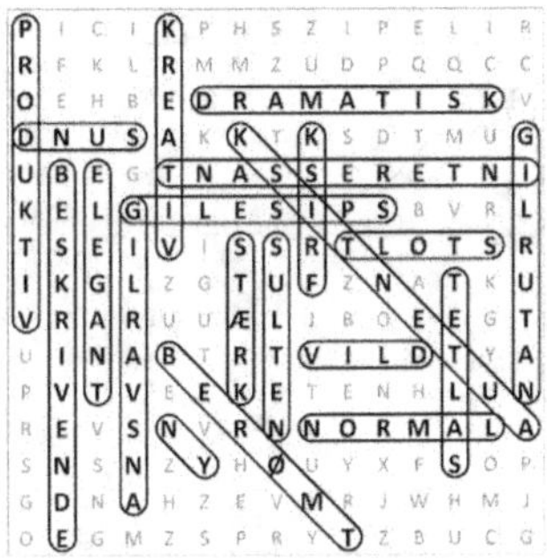

83 - Kleidung

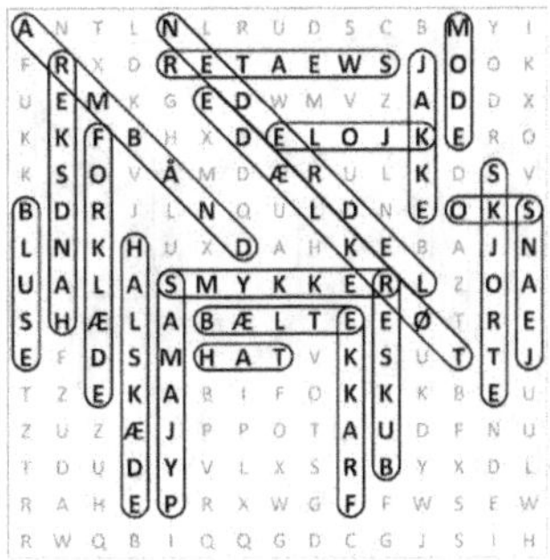

84 - Farben

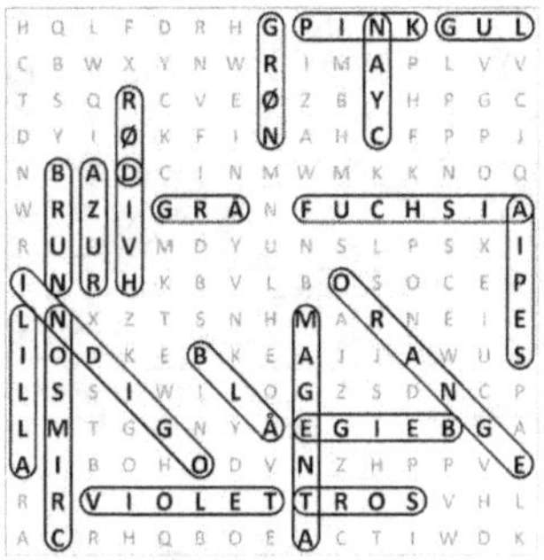

85 - Haus

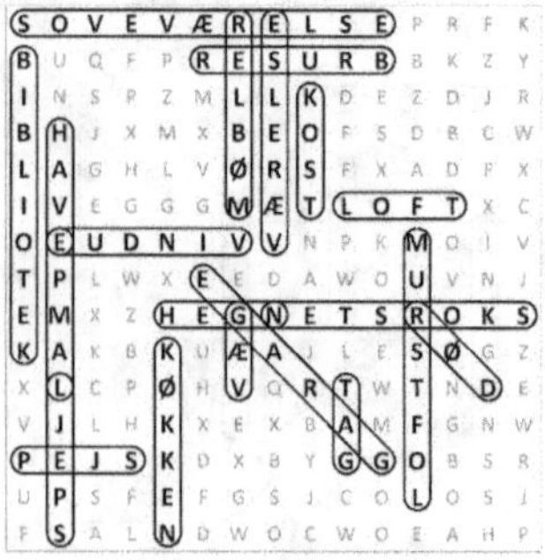

86 - Bauernhof #1

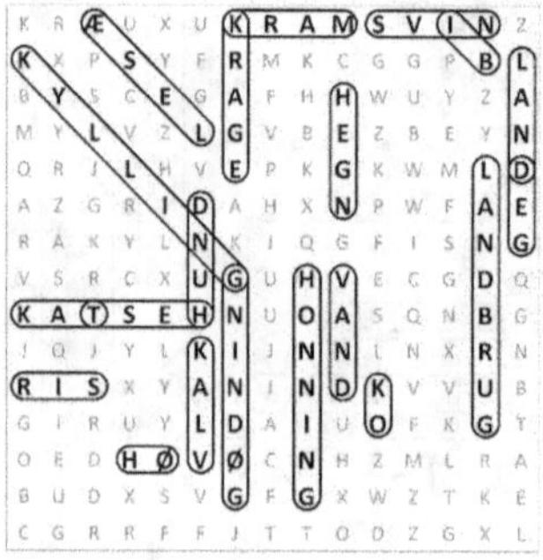

87 - Regierung

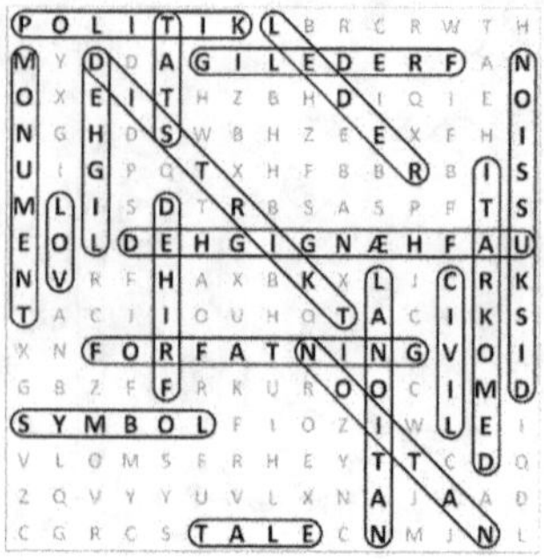

88 - Berufe #1

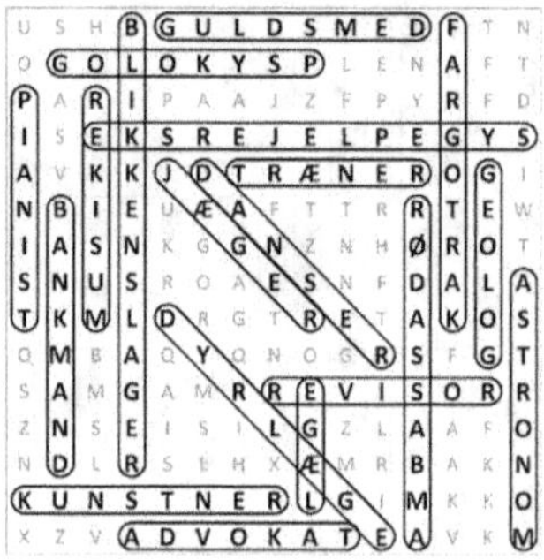

89 - Adjektive #1

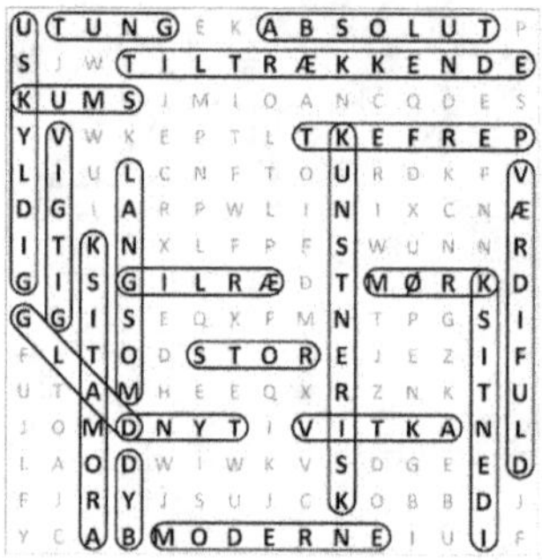

90 - Geometrie

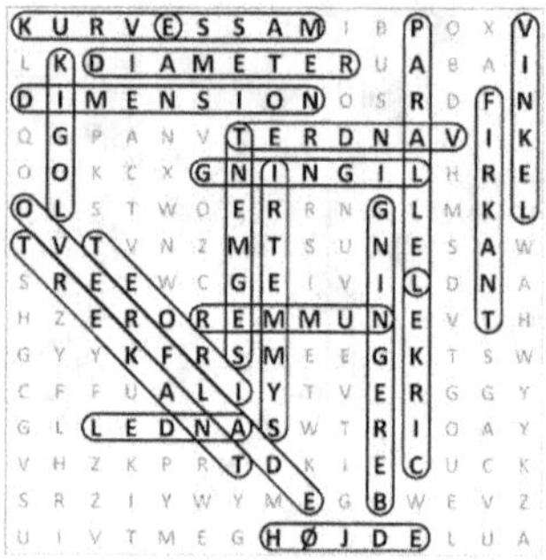

91 - Jazz

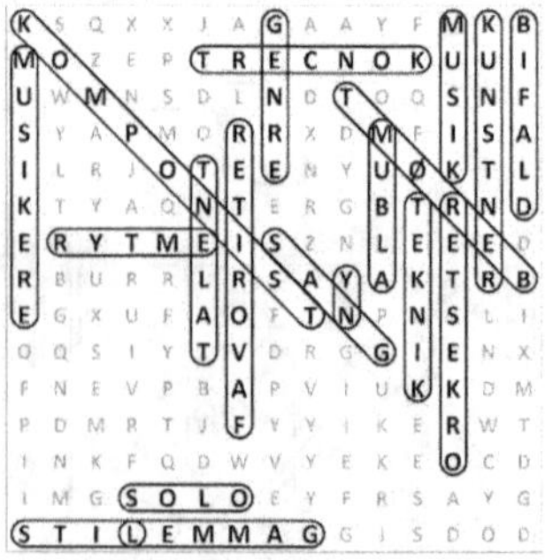

92 - Mathematik

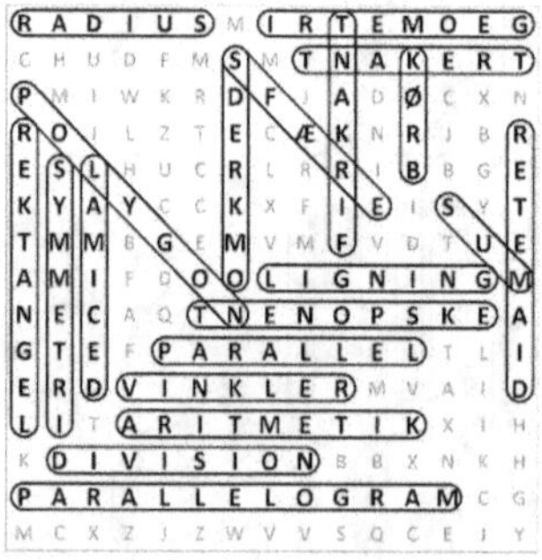

93 - Messungen

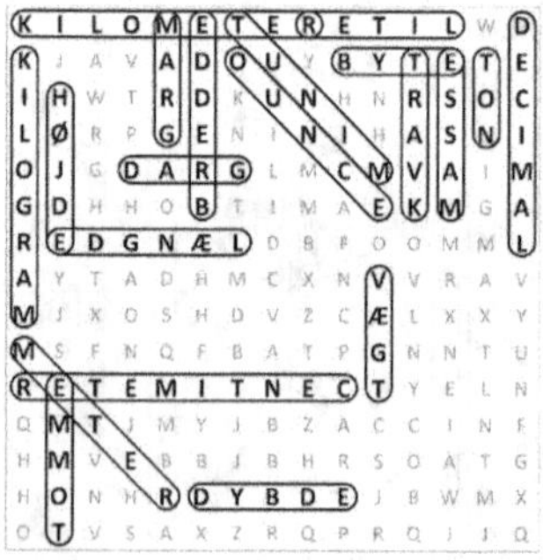

94 - Boxen

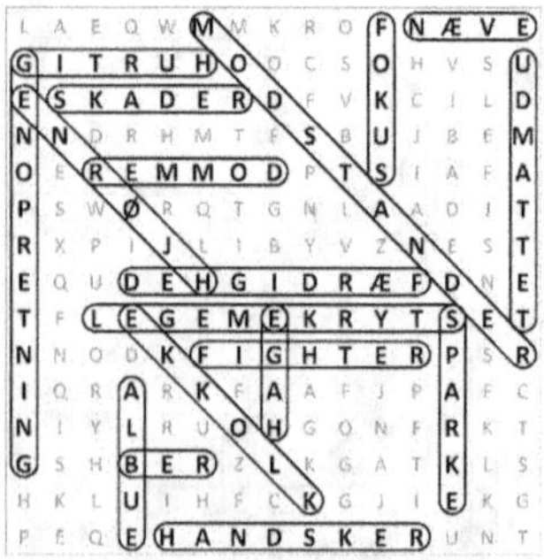

95 - Psychologie

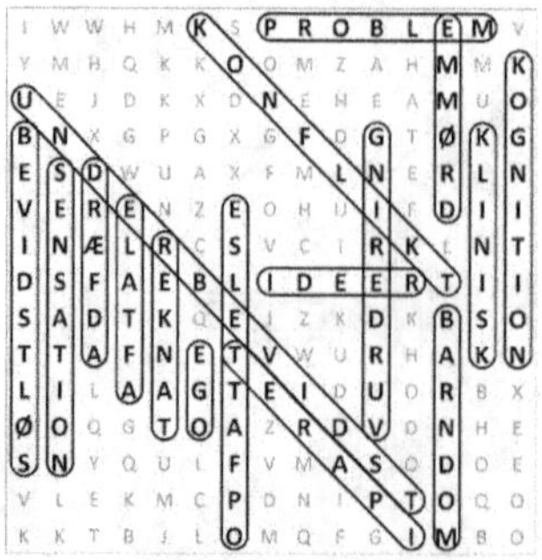

96 - Bauernhof #2

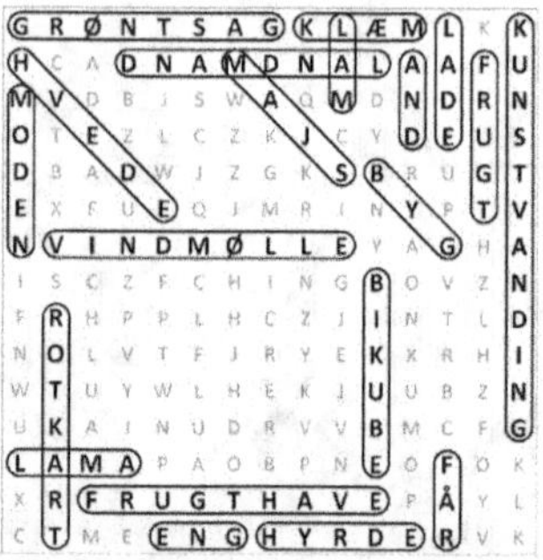

97 - Gartenarbeit

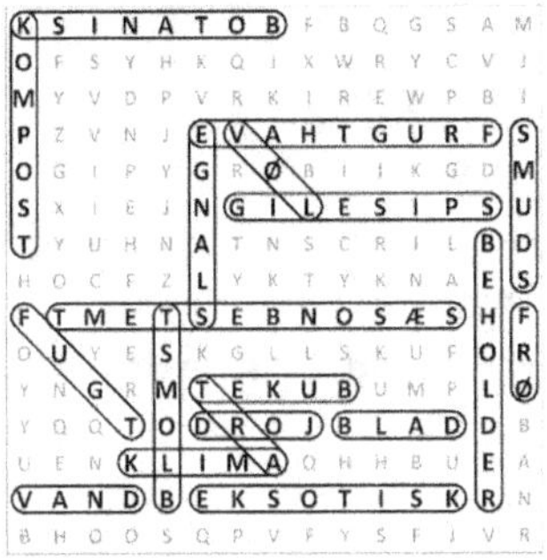

98 - Berufe #2

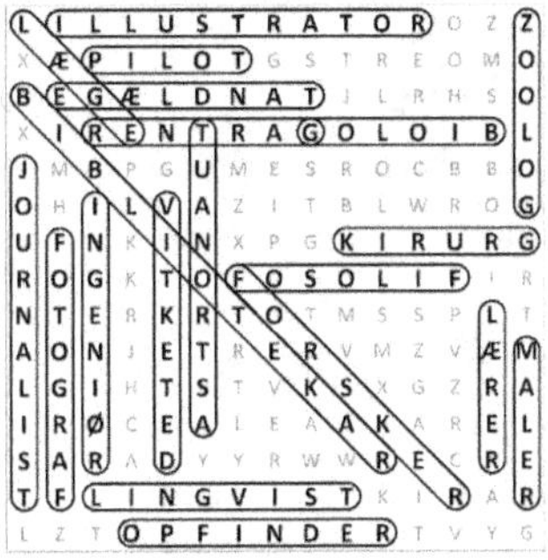

99 - Wetter

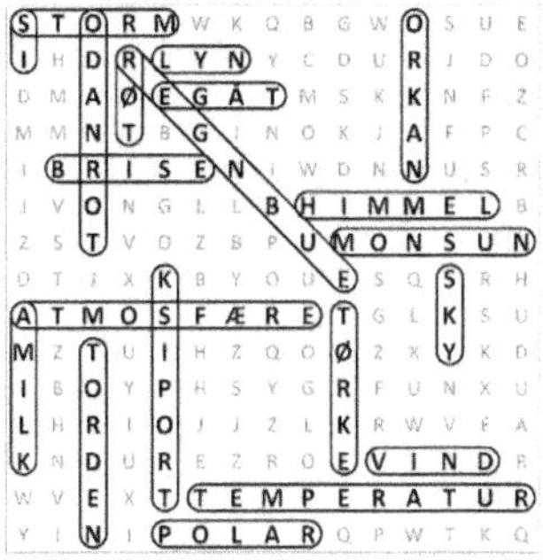

100 - Chemie

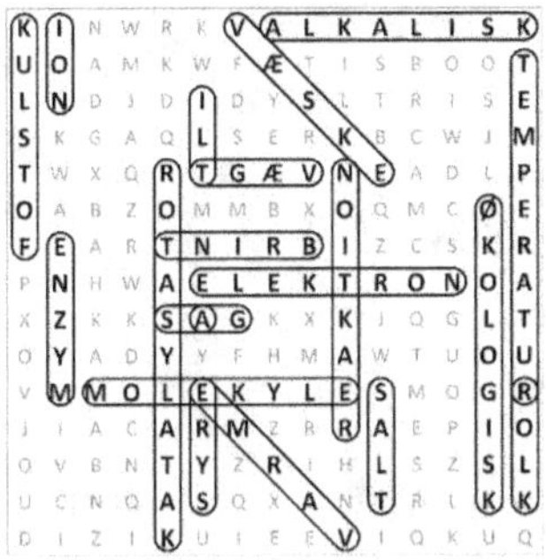

Wörterbuch

Abenteuer
Eventyr

Aktivität	Aktivitet
Ausflug	Udflugt
Chance	Chance
Freude	Glæde
Freunde	Venner
Gefährlich	Farlig
Gelegenheit	Mulighed
Natur	Natur
Navigation	Navigation
Neu	Ny
Reisen	Rejser
Route	Rejseplan
Schönheit	Skønhed
Schwierigkeit	Vanskelighed
Sicherheit	Sikkerhed
Tapferkeit	Tapperhed
Ungewöhnlich	Usædvanlig
Überraschend	Overraskende
Vorbereitung	Forberedelse
Ziel	Destination

Adjektive #1
Tillægsord #1

Absolut	Absolut
Aktiv	Aktiv
Aromatisch	Aromatisk
Attraktiv	Tiltrækkende
Dunkel	Mørk
Dünn	Tynd
Ehrlich	Ærlig
Glücklich	Glad
Identisch	Identisk
Künstlerisch	Kunstnerisk
Langsam	Langsom
Modern	Moderne
Perfekt	Perfekt
Riesig	Stor
Schön	Smuk
Schwer	Tung
Tief	Dyb
Unschuldig	Uskyldig
Wertvoll	Værdifuld
Wichtig	Vigtig

Adjektive #2
Tillægsord #2

Authentisch	Autentisk
Berühmt	Berømt
Beschreibend	Beskrivende
Dramatisch	Dramatisk
Elegant	Elegant
Essbar	Spiselig
Frisch	Frisk
Gesund	Sund
Hungrig	Sulten
Interessant	Interessant
Kreativ	Kreativ
Natürlich	Naturlig
Neu	Ny
Normal	Normal
Produktiv	Produktiv
Salzig	Saltet
Stark	Stærk
Stolz	Stolt
Verantwortlich	Ansvarlig
Wild	Vild

Agronomie
Agronomi

Boden	Jord
Dünger	Gødning
Energie	Energi
Erosion	Erosion
Gemüse	Grøntsager
Krankheit	Sygdomme
Landwirtschaft	Landbrug
Ländlich	Rural
Nachhaltig	Bæredygtig
Organisch	Økologisk
Ökologie	Økologi
Pflanzen	Planter
Produktion	Produktion
Studie	Undersøgelse
Systeme	Systemer
Umwelt	Miljø
Verschmutzung	Forurening
Wachstum	Vækst
Wasser	Vand
Wissenschaft	Videnskab

Aktivitäten
Aktiviteter

Aktivität	Aktivitet
Angeln	Fiskeri
Camping	Camping
Entspannung	Afslapning
Fotografie	Fotografering
Freizeit	Fritid
Gartenarbeit	Havearbejde
Gemälde	Maleri
Jagd	Jagt
Keramik	Keramik
Kunst	Kunst
Kunsthandwerk	Håndværk
Lesen	Læsning
Magie	Magi
Nähen	Syning
Spiele	Spil
Stricken	Strikning
Tanzen	Dans
Vergnügen	Fornøjelse
Wandern	Vandring

Aktivitäten und Freizeit
Aktiviteter og Fritid

Angeln	Fiskeri
Baseball	Baseball
Basketball	Basketball
Boxen	Boksning
Camping	Camping
Einkaufen	Shopping
Entspannend	Afslappende
Fussball	Fodbold
Gartenarbeit	Havearbejde
Gemälde	Maleri
Golf	Golf
Kunst	Kunst
Reise	Rejse
Rennen	Racing
Schwimmen	Svømning
Surfen	Surfing
Tauchen	Dykning
Tennis	Tennis
Volleyball	Volleyball
Wandern	Vandring

Algebra
Algebra

Bruchteil	Brøk
Diagramm	Diagram
Exponent	Eksponent
Faktor	Faktor
Falsch	Falsk
Formel	Formel
Gleichung	Ligning
Graph	Graf
Linear	Lineær
Lösen	Løse
Lösung	Løsning
Matrix	Matrix
Null	Nul
Nummer	Nummer
Problem	Problem
Subtraktion	Subtraktion
Summe	Sum
Unendlich	Uendelig
Variable	Variabel
Vereinfachen	Forenkle

Antarktis
Antarktis

Bucht	Bugt
Eis	Is
Erhaltung	Bevarelse
Expedition	Ekspedition
Felsig	Stenet
Forscher	Forsker
Geographie	Geografi
Halbinsel	Halvø
Inseln	Øer
Kontinent	Kontinent
Migration	Migration
Mineralien	Mineraler
Temperatur	Temperatur
Topographie	Topografi
Umwelt	Miljø
Vögel	Fugle
Wasser	Vand
Wetter	Vejr
Wind	Vind
Wissenschaftlich	Videnskabelig

Antiquitäten
Antikviteter

Alt	Gammel
Authentisch	Autentisk
Dekorativ	Dekorativ
Elegant	Elegant
Enthusiast	Entusiast
Galerie	Galleri
Gemälde	Malerier
Investition	Investering
Jahrhundert	Århundrede
Kunst	Kunst
Möbel	Møbler
Münzen	Mønter
Preis	Pris
Qualität	Kvalitet
Schmuck	Smykker
Skulptur	Skulptur
Stil	Stil
Ungewöhnlich	Usædvanlig
Wert	Værdi
Zustand	Tilstand

Archäologie
Arkæologi

Analyse	Analyse
Antiquität	Antikken
Auswertung	Evaluering
Ära	Æra
Experte	Ekspert
Forscher	Forsker
Fossil	Fossil
Geheimnis	Mysterium
Grab	Grav
Knochen	Knogler
Mannschaft	Hold
Nachkomme	Efterkommer
Objekte	Objekter
Professor	Professor
Relikt	Levn
Tempel	Tempel
Unbekannt	Ukendt
Vergessen	Glemt
Zivilisation	Civilisation

Astronomie
Astronomi

Asteroid	Asteroide
Astronaut	Astronaut
Astronom	Astronom
Erde	Jord
Himmel	Himmel
Komet	Komet
Konstellation	Konstellation
Kosmos	Kosmos
Meteor	Meteor
Mond	Måne
Nebel	Nebula
Observatorium	Observatorium
Planet	Planet
Rakete	Raket
Satellit	Satellit
Stern	Stjerne
Supernova	Supernova
Teleskop	Teleskop
Tierkreis	Zodiac
Universum	Univers

Ballett
Ballet

Anmutig	Yndefuld
Applaus	Bifald
Ausdrucksvoll	Udtryksfulde
Ballerina	Ballerina
Choreographie	Koreografi
Fähigkeit	Færdighed
Geste	Gestus
Intensität	Intensitet
Komponist	Komponist
Künstlerisch	Kunstnerisk
Musik	Musik
Muskel	Muskler
Orchester	Orkester
Probe	Generalprøve
Publikum	Publikum
Rhythmus	Rytme
Solo	Solo
Stil	Stil
Tänzer	Dansere
Technik	Teknik

Barbecues
Grillninger

Abendessen	Middag
Familie	Familie
Frucht	Frugt
Gabeln	Gafler
Gemüse	Grøntsager
Grill	Grill
Heiss	Hed
Huhn	Kylling
Hunger	Sult
Kinder	Børn
Kochen	Madlavning
Messer	Knive
Mittagessen	Frokost
Musik	Musik
Pfeffer	Peber
Salate	Salater
Salz	Salt
Sommer	Sommer
Sosse	Sauce
Spiele	Spil

Bauernhof #1
Bondegård #1

Biene	Bi
Dünger	Gødning
Esel	Æsel
Feld	Mark
Heu	Hø
Honig	Honning
Huhn	Kylling
Hund	Hund
Kalb	Kalv
Katze	Kat
Krähe	Krage
Kuh	Ko
Land	Land
Landwirtschaft	Landbrug
Pferd	Hest
Reis	Ris
Schwein	Svin
Wasser	Vand
Zaun	Hegn
Ziege	Ged

Bauernhof #2
Bondegård #2

Bauer	Landmand
Bewässerung	Kunstvanding
Bienenstock	Bikube
Ente	And
Frucht	Frugt
Gemüse	Grøntsag
Gerste	Byg
Lama	Lama
Lamm	Lam
Mais	Majs
Milch	Mælk
Obstgarten	Frugthave
Reif	Moden
Schaf	Får
Schäfer	Hyrde
Scheune	Lade
Traktor	Traktor
Weizen	Hvede
Wiese	Eng
Windmühle	Vindmølle

Berufe #1
Erhverv #1

Arzt	Læge
Astronom	Astronom
Bankier	Bankmand
Botschafter	Ambassadør
Buchhalter	Revisor
Geologe	Geolog
Jäger	Jæger
Juwelier	Guldsmed
Kartograph	Kartograf
Klempner	Blikkenslager
Krankenschwester	Sygeplejerske
Künstler	Kunstner
Mechaniker	Mekaniker
Musiker	Musiker
Pianist	Pianist
Psychologe	Psykolog
Rechtsanwalt	Advokat
Tänzer	Danser
Tierarzt	Dyrlæge
Trainer	Træner

Berufe #2
Erhverv #2

Arzt	Læge
Astronaut	Astronaut
Bibliothekar	Bibliotekar
Biologe	Biolog
Chirurg	Kirurg
Detektiv	Detektiv
Erfinder	Opfinder
Forscher	Forsker
Fotograf	Fotograf
Gärtner	Gartner
Illustrator	Illustrator
Ingenieur	Ingeniør
Journalist	Journalist
Lehrer	Lærer
Linguist	Lingvist
Maler	Maler
Philosoph	Filosof
Pilot	Pilot
Zahnarzt	Tandlæge
Zoologe	Zoolog

Bienen
Bier

Bestäuber	Bestøver
Bienenkorb	Hive
Blumen	Blomster
Blüte	Blomst
Flügel	Vinger
Frucht	Frugt
Garten	Have
Honig	Honning
Insekt	Insekt
Königin	Dronning
Lebensraum	Habitat
Ökosystem	Økosystem
Pflanzen	Planter
Pollen	Pollen
Rauch	Røg
Schwarm	Sværm
Sonne	Sol
Vielfalt	Mangfoldighed
Vorteilhaft	Gavnlig
Wachs	Voks

Bildende Kunst
Billedkunst

Architektur	Arkitektur
Bleistift	Blyant
Film	Film
Foto	Fotografi
Gemälde	Maleri
Holzkohle	Trækul
Keramik	Keramik
Kreativität	Kreativitet
Kreide	Kridt
Künstler	Kunstner
Lack	Lak
Meisterwerk	Mesterværk
Perspektive	Perspektiv
Porträt	Portræt
Schablone	Stencil
Skulptur	Skulptur
Staffelei	Staffeli
Stift	Pen
Ton	Ler
Wachs	Voks

Biologie
Biologi

Anatomie	Anatomi
Chromosom	Kromosom
Embryo	Foster
Enzym	Enzym
Evolution	Udvikling
Hormon	Hormon
Kollagen	Kollagen
Mutation	Mutation
Natürlich	Naturlig
Nerv	Nerve
Neuron	Neuron
Osmose	Osmose
Pflanzen	Planter
Photosynthese	Fotosyntese
Protein	Protein
Reptil	Krybdyr
Säugetier	Pattedyr
Symbiose	Symbiose
Synapse	Synapse
Zelle	Celle

Blumen
Blomster

Blütenblatt	Kronblad
Gardenie	Gardenia
Gänseblümchen	Daisy
Hibiskus	Hibiscus
Jasmin	Jasmin
Klee	Kløver
Lavendel	Lavendel
Lila	Lilla
Lilie	Lilje
Löwenzahn	Mælkebøtte
Magnolie	Magnolia
Mohn	Valmue
Orchidee	Orkide
Passionsblume	Passionflower
Pfingstrose	Pæon
Plumeria	Plumeria
Rose	Rose
Sonnenblume	Solsikke
Strauss	Buket
Tulpe	Tulipan

Boote
Både

Anker	Anker
Boje	Bøje
Crew	Mandskab
Dock	Dock
Fähre	Færge
Floss	Tømmerflåde
Fluss	Flod
Kajak	Kajak
Kanu	Kano
Mast	Mast
Meer	Hav
Motor	Motor
Nautisch	Nautisk
Ozean	Ocean
Rettungsboot	Redningsbåd
See	Sø
Segelboot	Sejlbåd
Seil	Reb
Wellen	Bølger
Yacht	Yacht

Boxen
Boksning

Ecke	Hjørne
Ellbogen	Albue
Erschöpft	Udmattet
Faust	Næve
Fähigkeit	Færdighed
Fokus	Fokus
Gegner	Modstander
Glocke	Klokke
Handschuhe	Handsker
Kämpfer	Fighter
Kick	Sparke
Kinn	Hage
Körper	Legeme
Recovery	Genopretning
Schiedsrichter	Dommer
Schnell	Hurtig
Seile	Reb
Stärke	Styrke
Verletzungen	Skader

Bücher
Bøger

Abenteuer	Eventyr
Autor	Forfatter
Dualität	Dualitet
Episch	Episk
Erfinderisch	Opfindsom
Erzähler	Fortæller
Gedicht	Digt
Geschichte	Historie
Geschrieben	Skrivet
Historisch	Historisk
Humorvoll	Humoristisk
Kollektion	Samling
Kontext	Kontekst
Leser	Læser
Literarisch	Litterær
Poesie	Poesi
Roman	Roman
Seite	Side
Serie	Serie
Tragisch	Tragisk

Camping
Camping

Abenteuer	Eventyr
Berg	Bjerg
Feuer	Brand
Hängematte	Hængekøje
Hut	Hat
Insekt	Insekt
Jagd	Jagt
Kabine	Kabine
Kanu	Kano
Karte	Kort
Kompass	Kompas
Laterne	Lanterne
Mond	Måne
Natur	Natur
See	Sø
Seil	Reb
Spass	Sjov
Tiere	Dyr
Wald	Skov
Zelt	Telt

Chemie
Kemi

Alkalisch	Alkalisk
Chlor	Klor
Elektron	Elektron
Enzym	Enzym
Flüssigkeit	Væske
Gas	Gas
Gewicht	Vægt
Hitze	Varme
Ion	Ion
Katalysator	Katalysator
Kohlenstoff	Kulstof
Molekül	Molekyle
Nuklear	A
Organisch	Økologisk
Reaktion	Reaktion
Salz	Salt
Sauerstoff	Ilt
Säure	Syre
Temperatur	Temperatur
Wasserstoff	Brint

Das Unternehmen
Virksomheden

Beschäftigung	Beskæftigelse
Einheiten	Enheder
Einnahmen	Indtægt
Entscheidung	Beslutning
Fortschritt	Fremskridt
Geschäft	Forretning
Global	Global
Industrie	Industri
Innovativ	Innovativ
Investition	Investering
Kreativ	Kreativ
Löhne	Lønninger
Möglichkeit	Mulighed
Präsentation	Præsentation
Produkt	Produkt
Professionell	Professionel
Qualität	Kvalitet
Ressourcen	Ressourcer
Risiken	Risici
Ruf	Ry

Diplomatie
Diplomati

Ausländisch	Udenlandsk
Berater	Rådgiver
Botschaft	Ambassade
Botschafter	Ambassadør
Bürger	Borgere
Diplomatisch	Diplomatisk
Diskussion	Diskussion
Ethik	Etik
Gemeinschaft	Fællesskab
Gerechtigkeit	Retfærdighed
Humanitär	Humanitær
Integrität	Integritet
Konflikt	Konflikt
Lösung	Løsning
Politik	Politik
Regierung	Regering
Sicherheit	Sikkerhed
Sprachen	Sprog
Vertrag	Traktat
Zusammenarbeit	Samarbejde

Emotionen
Følelser

Angst	Frygt
Beschämt	Flov
Dankbar	Taknemmelig
Entspannt	Afslappet
Freude	Glæde
Freundlichkeit	Venlighed
Frieden	Fred
Inhalt	Indhold
Langeweile	Kedsomhed
Liebe	Kærlighed
Relief	Relief
Ruhe	Ro
Ruhig	Rolig
Sympathie	Sympati
Traurigkeit	Sorg
Überraschen	Overraskelse
Wut	Vrede
Zärtlichkeit	Ømhed
Zufrieden	Tilfreds

Energie
Energi

Batterie	Batteri
Benzin	Benzin
Brennstoff	Brændstof
Diesel	Diesel
Elektrisch	Elektrisk
Elektron	Elektron
Entropie	Entropi
Erneuerbar	Fornyelig
Hitze	Varme
Industrie	Industri
Kohlenstoff	Kulstof
Motor	Motor
Nuklear	A
Photon	Foton
Sonne	Sol
Turbine	Turbine
Umwelt	Miljø
Verschmutzung	Forurening
Wasserstoff	Brint
Wind	Vind

Ernährung
Ernæring

Appetit	Appetit
Ausgewogen	Afbalanceret
Bitter	Bitter
Diät	Kost
Essbar	Spiselig
Fermentation	Gæring
Geschmack	Smag
Gesund	Sund
Gesundheit	Sundhed
Getreide	Korn
Gewicht	Vægt
Kalorien	Kalorier
Kohlenhydrate	Kulhydrater
Nährstoff	Næringsstof
Proteine	Proteiner
Qualität	Kvalitet
Sosse	Sauce
Toxin	Toksin
Verdauung	Fordøjelse
Vitamin	Vitamin

Essen #1
Mad #1

Basilikum	Basilikum
Birne	Pære
Erdbeere	Jordbær
Erdnuss	Jordnød
Fleisch	Kød
Kaffee	Kaffe
Karotte	Gulerod
Knoblauch	Hvidløg
Milch	Mælk
Rübe	Majroe
Saft	Saft
Salat	Salat
Salz	Salt
Spinat	Spinat
Suppe	Suppe
Thunfisch	Tun
Zimt	Kanel
Zitrone	Citron
Zucker	Sukker
Zwiebel	Løg

Essen #2
Mad #2

Apfel	Æble
Artischocke	Artiskok
Aubergine	Aubergine
Banane	Banan
Brokkoli	Broccoli
Brot	Brød
Ei	Æg
Fisch	Fisk
Joghurt	Yoghurt
Käse	Ost
Kirsche	Kirsebær
Mandel	Mandel
Pilz	Svamp
Reis	Ris
Schinken	Skinke
Schokolade	Chokolade
Sellerie	Selleri
Spargel	Asparges
Tomate	Tomat
Weizen	Hvede

Fahren
Kørsel

Auto	Bil
Bremsen	Bremser
Brennstoff	Brændstof
Bus	Bus
Garage	Garage
Gas	Gas
Gefahr	Fare
Geschwindigkeit	Hastighed
Karte	Kort
Lizenz	Licens
Lkw	Lastbil
Motor	Motor
Motorrad	Motorcykel
Polizei	Politi
Sicherheit	Sikkerhed
Transport	Transport
Tunnel	Tunnel
Unfall	Ulykke
Verkehr	Trafik
Vorsicht	Advarsel

Fahrzeuge
Køretøjer

Auto	Bil
Boot	Båd
Bus	Bus
Fahrrad	Cykel
Fähre	Færge
Floss	Tømmerflåde
Flugzeug	Fly
Hubschrauber	Helikopter
Krankenwagen	Ambulance
Lkw	Lastbil
Motor	Motor
Rakete	Raket
Reifen	Dæk
Roller	Scooter
Taxi	Taxa
Traktor	Traktor
U-Boot	Ubåd
Van	Van
Wohnwagen	Campingvogn
Zug	Tog

Familie
Familie

Bruder	Bror
Ehefrau	Kone
Ehemann	Mand
Enkel	Barnebarn
Grossmutter	Bedstemor
Grossvater	Bedstefar
Kind	Barn
Kindheit	Barndom
Mutter	Mor
Mütterlich	Mødres
Neffe	Nevø
Nichte	Niece
Onkel	Onkel
Schwester	Søster
Tante	Tante
Tochter	Datter
Vater	Far
Väterlich	Faderlig
Vetter	Fætter
Vorfahr	Forfader

Farben
Farver

Azurblau	Azur
Beige	Beige
Blau	Blå
Braun	Brun
Fuchsie	Fuchsia
Gelb	Gul
Grau	Grå
Grün	Grøn
Indigo	Indigo
Lila	Lilla
Magenta	Magenta
Orange	Orange
Purpur	Crimson
Rosa	Pink
Rot	Rød
Schwarz	Sort
Sepia	Sepia
Violett	Violet
Weiss	Hvid
Zyan	Cyan

Flugzeuge
Fly

Abenteuer	Eventyr
Abstieg	Afstamning
Atmosphäre	Atmosfære
Ballon	Ballon
Brennstoff	Brændstof
Crew	Mandskab
Design	Design
Geschichte	Historie
Himmel	Himmel
Höhe	Højde
Konstruktion	Konstruktion
Luft	Luft
Motor	Motor
Navigieren	Navigere
Passagier	Passager
Pilot	Pilot
Propeller	Propeller
Turbulenz	Turbulens
Wasserstoff	Brint
Wetter	Vejr

Formen
Former

Bogen	Bue
Dreieck	Trekant
Ecke	Hjørne
Ellipse	Ellipse
Hyperbel	Hyperbola
Kanten	Kanter
Kegel	Kegle
Kreis	Cirkel
Kurve	Kurve
Linie	Linje
Oval	Oval
Polygon	Polygon
Prisma	Prisme
Pyramide	Pyramide
Quadrat	Firkant
Rechteck	Rektangel
Rund	Rund
Seite	Side
Würfel	Terning
Zylinder	Cylinder

Garten
Have

Bank	Bænk
Baum	Træ
Blume	Blomst
Boden	Jord
Busch	Busk
Garage	Garage
Garten	Have
Gras	Græs
Hängematte	Hængekøje
Obstgarten	Frugthave
Rasen	Græsplæne
Rechen	Rive
Schaufel	Skovl
Schlauch	Slange
Teich	Dam
Terrasse	Terrasse
Trampolin	Trampolin
Unkraut	Ukrudt
Veranda	Veranda
Zaun	Hegn

Gartenarbeit
Havearbejde

Art	Art
Blatt	Blad
Blüte	Blomst
Boden	Jord
Botanisch	Botanisk
Container	Beholder
Essbar	Spiselig
Exotisch	Eksotisk
Feuchtigkeit	Fugt
Klima	Klima
Kompost	Kompost
Laub	Løv
Obstgarten	Frugthave
Saat	Frø
Saisonal	Sæsonbestemt
Schlauch	Slange
Schmutz	Smuds
Strauss	Buket
Wasser	Vand

Gebäude
Bygninger

Bauernhof	Gård
Botschaft	Ambassade
Fabrik	Fabrik
Garage	Garage
Herberge	Hostel
Hotel	Hotel
Kabine	Kabine
Kino	Biograf
Krankenhaus	Hospital
Labor	Laboratorium
Museum	Museum
Observatorium	Observatorium
Scheune	Lade
Schule	Skole
Stadion	Stadion
Supermarkt	Supermarked
Theater	Teater
Turm	Tårn
Universität	Universitet
Zelt	Telt

Gemüse
Grøntsager

Artischocke	Artiskok
Aubergine	Aubergine
Blumenkohl	Blomkål
Brokkoli	Broccoli
Erbse	Ært
Gurke	Agurk
Ingwer	Ingefær
Karotte	Gulerod
Kartoffel	Kartoffel
Knoblauch	Hvidløg
Kürbis	Græskar
Olive	Oliven
Petersilie	Persille
Pilz	Svamp
Rübe	Majroe
Salat	Salat
Sellerie	Selleri
Spinat	Spinat
Tomate	Tomat
Zwiebel	Løg

Geographie
Geografi

Atlas	Atlas
Äquator	Ækvator
Berg	Bjerg
Breite	Breddegrad
Fluss	Flod
Gebiet	Territorium
Hemisphäre	Halvkugle
Höhe	Højde
Insel	Ø
Karte	Kort
Kontinent	Kontinent
Land	Land
Meer	Hav
Meridian	Meridian
Norden	Nord
Ozean	Ocean
Region	Region
Stadt	By
Welt	Verden
West	Vest

Geologie
Geologi

Erdbeben	Jordskælv
Erosion	Erosion
Fossil	Fossil
Geschmolzen	Smeltet
Geysir	Gejser
Höhle	Hule
Kalzium	Calcium
Kontinent	Kontinent
Koralle	Koral
Lava	Lava
Mineralien	Mineraler
Plateau	Plateau
Quarz	Kvarts
Salz	Salt
Säure	Syre
Stalagmiten	Stalagmitter
Stalaktit	Stalaktit
Stein	Sten
Vulkan	Vulkan
Zone	Zone

Geometrie
Geometri

Anteil	Andel
Berechnung	Beregning
Dimension	Dimension
Dreieck	Trekant
Durchmesser	Diameter
Gleichung	Ligning
Horizontal	Vandret
Höhe	Højde
Kreis	Cirkel
Kurve	Kurve
Logik	Logik
Masse	Masse
Nummer	Nummer
Oberfläche	Overflade
Parallel	Parallel
Quadrat	Firkant
Segment	Segment
Symmetrie	Symmetri
Theorie	Teori
Winkel	Vinkel

Geschäft
Forretning

Arbeitgeber	Arbejdsgiver
Budget	Budget
Büro	Kontor
Einkommen	Indkomst
Fabrik	Fabrik
Geld	Penge
Geschäft	Butik
Gewinn	Profit
Investition	Investering
Karriere	Karriere
Kosten	Koste
Manager	Manager
Mitarbeiter	Medarbejder
Rabatt	Rabat
Steuern	Skatter
Transaktion	Transaktion
Verkauf	Salg
Ware	Varer
Währung	Valuta
Wirtschaft	Økonomi

Gesundheit und Wellness #1
Sundhed og Velvære #1

Aktiv	Aktiv
Apotheke	Apotek
Arzt	Læge
Bakterien	Bakterie
Behandlung	Behandling
Entspannung	Afslapning
Fraktur	Fraktur
Gewohnheit	Vane
Haut	Hud
Höhe	Højde
Hunger	Sult
Klinik	Klinik
Knochen	Knogler
Medizin	Medicin
Medizinisch	Medicinsk
Nerven	Nerver
Reflex	Refleks
Therapie	Terapi
Verletzung	Skade
Virus	Virus

Gesundheit und Wellness #2
Sundhed og Velvære #2

Allergie	Allergi
Anatomie	Anatomi
Appetit	Appetit
Blut	Blod
Diät	Kost
Energie	Energi
Genetik	Genetik
Gesund	Sund
Gewicht	Vægt
Hygiene	Hygiejne
Infektion	Infektion
Kalorie	Kalorie
Krankenhaus	Hospital
Krankheit	Sygdom
Massage	Massage
Risiken	Risici
Schlafen	Sove
Sport	Sport
Stress	Stress
Vitamin	Vitamin

Gewürze
Krydderier

Anis	Anis
Bitter	Bitter
Curry	Karry
Fenchel	Fennikel
Geschmack	Smag
Ingwer	Ingefær
Kardamom	Kardemomme
Knoblauch	Hvidløg
Kreuzkümmel	Spidskommen
Lakritze	Lakrids
Muskatnuss	Muskatnød
Paprika	Paprika
Pfeffer	Peber
Safran	Saffron
Salz	Salt
Sauer	Sur
Süss	Sød
Vanille	Vanilje
Zimt	Kanel
Zwiebel	Løg

Globale Erwärmung
Global Opvarmning

Arktis	Arktisk
Aufmerksamkeit	Opmærksomhed
Bevölkerung	Befolkninger
Daten	Data
Energie	Energi
Entwicklung	Udvikling
Gas	Gas
Generationen	Generationer
Gesetzgebung	Lovgivning
Industrie	Industri
International	International
Jetzt	Nu
Klima	Klima
Krise	Krise
Lebensraum	Levesteder
Regierung	Regering
Temperaturen	Temperaturer
Umwelt	Miljømæssig
Zukunft	Fremtid

Haartypen
Hår Typer

Blond	Blond
Braun	Brun
Dick	Tyk
Dünn	Tynd
Farbig	Farvet
Geflochten	Flettet
Gesund	Sund
Grau	Grå
Kahl	Skaldet
Kurz	Kort
Lang	Lang
Locken	Krøller
Lockig	Krøllet
Schwarz	Sort
Silber	Sølv
Trocken	Tør
Weich	Blød
Weiss	Hvid
Wellig	Bølget
Zöpfe	Fletninger

Haus
Hus

Besen	Kost
Bibliothek	Bibliotek
Dach	Tag
Dachboden	Loftsrum
Decke	Loft
Dusche	Bruser
Fenster	Vindue
Garage	Garage
Garten	Have
Kamin	Pejs
Küche	Køkken
Lampe	Lampe
Möbel	Møbler
Schlafzimmer	Soveværelse
Schornstein	Skorsten
Spiegel	Spejl
Tür	Dør
Wand	Væg
Zaun	Hegn
Zimmer	Værelse

Ingenieurwesen
Ingeniørarbejde

Achse	Akse
Antrieb	Fremdrift
Berechnung	Beregning
Diagramm	Diagram
Diesel	Diesel
Durchmesser	Diameter
Energie	Energi
Flüssigkeit	Væske
Getriebe	Gear
Hebel	Håndtag
Konstruktion	Konstruktion
Maschine	Maskine
Messung	Måling
Motor	Motor
Stabilität	Stabilitet
Stärke	Styrke
Struktur	Struktur
Tiefe	Dybde
Verteilung	Distribution
Winkel	Vinkel

Insekten
Insekter

Ameise	Myre
Biene	Bi
Blattlaus	Bladlus
Floh	Loppe
Gottesanbeterin	Mantis
Heuschrecke	Græshoppe
Hornisse	Hornet
Kakerlake	Kakerlak
Käfer	Bille
Larve	Larve
Libelle	Guldsmed
Marienkäfer	Mariehøne
Motte	Møl
Mücke	Myg
Schmetterling	Sommerfugl
Termite	Termit
Wespe	Hveps
Wurm	Orm
Zikade	Cicada

Jazz
Jazz

Album	Album
Alt	Gammel
Applaus	Bifald
Berühmt	Berømt
Favoriten	Favoriter
Genre	Genre
Improvisation	Improvisation
Komponist	Komponist
Konzert	Koncert
Künstler	Kunstner
Lied	Sang
Musik	Musik
Musiker	Musikere
Neu	Ny
Orchester	Orkester
Rhythmus	Rytme
Solo	Solo
Stil	Stil
Talent	Talent
Technik	Teknik

Kleidung
Tøj

Armband	Armbånd
Bluse	Bluse
Gürtel	Bælte
Halskette	Halskæde
Handschuhe	Handsker
Hemd	Skjorte
Hose	Bukser
Hut	Hat
Jacke	Jakke
Jeans	Jeans
Kleid	Kjole
Mantel	Frakke
Mode	Mode
Pullover	Sweater
Rock	Nederdel
Schal	Tørklæde
Schlafanzug	Pyjamas
Schmuck	Smykker
Schuh	Sko
Schürze	Forklæde

Krankheit
Sygdom

Abdominal	Abdominal
Allergien	Allergier
Ansteckend	Smitsom
Atemwege	Luftveje
Bakteriell	Bakteriel
Chronisch	Kronisk
Entzündung	Betændelse
Erblich	Arvelig
Genetisch	Genetisk
Gesundheit	Sundhed
Herz	Hjerte
Immunität	Immunitet
Knochen	Knogler
Körper	Legeme
Neuropathie	Neuropati
Schwach	Svag
Sinus	Sinus
Syndrom	Syndrom
Therapie	Terapi
Wellness	Wellness

Kräuterkunde
Herbalisme

Aromatisch	Aromatisk
Basilikum	Basilikum
Blume	Blomst
Dill	Dild
Estragon	Estragon
Fenchel	Fennikel
Garten	Have
Geschmack	Smag
Grün	Grøn
Knoblauch	Hvidløg
Kulinarisch	Kulinarisk
Lavendel	Lavendel
Majoran	Merian
Petersilie	Persille
Qualität	Kvalitet
Rosmarin	Rosmarin
Safran	Saffron
Thymian	Timian
Vorteilhaft	Gavnlig
Zutat	Ingrediens

Kreativität
Kreativitet

Ausdruck	Udtryk
Authentizität	Ægthed
Bild	Billede
Dramatisch	Dramatisk
Eindruck	Indtryk
Erfinderisch	Opfindsom
Fähigkeit	Færdighed
Flüssigkeit	Fluiditet
Gefühle	Følelser
Ideen	Ideer
Inspiration	Inspiration
Intensität	Intensitet
Intuition	Intuition
Klarheit	Klarhed
Künstlerisch	Kunstnerisk
Phantasie	Fantasi
Sensation	Sensation
Spontan	Spontan
Visionen	Visioner
Vitalität	Vitalitet

Kunst
Kunst

Ausdruck	Udtryk
Ehrlich	Ærlig
Einfach	Simpel
Gegenstand	Emne
Gemälde	Malerier
Inspiriert	Inspireret
Keramik	Keramisk
Komplex	Kompleks
Original	Original
Persönlich	Personlig
Poesie	Poesi
Porträtieren	Skildre
Schaffen	Skabe
Skulptur	Skulptur
Stimmung	Humør
Surrealismus	Surrealisme
Symbol	Symbol
Visuell	Visuel
Zusammensetzung	Sammensætning

Küche
Køkken

Essen	Mad
Essstäbchen	Spisepinde
Gabeln	Gafler
Gefrierschrank	Fryser
Gewürze	Krydderier
Grill	Grill
Kelle	Slev
Krug	Kande
Kühlschrank	Køleskab
Löffel	Skeer
Messer	Knive
Ofen	Ovn
Rezept	Opskrift
Schürze	Forklæde
Schüssel	Skål
Schwamm	Svamp
Serviette	Serviet
Tassen	Kopper
Wasserkocher	Kedel

Landschaften
Landskaber

Berg	Bjerg
Eisberg	Isbjerg
Fluss	Flod
Geysir	Gejser
Gletscher	Gletsjer
Golf	Bugt
Halbinsel	Halvø
Höhle	Hule
Hügel	Bakke
Insel	Ø
Meer	Hav
Oase	Oase
See	Sø
Strand	Strand
Sumpf	Sump
Tal	Dal
Tundra	Tundra
Vulkan	Vulkan
Wasserfall	Vandfald
Wüste	Ørken

Länder #1
Lande #1

Ägypten	Egypten
Brasilien	Brasilien
Deutschland	Tyskland
Finnland	Finland
Indien	Indien
Irak	Irak
Israel	Israel
Italien	Italien
Kambodscha	Cambodja
Kanada	Canada
Lettland	Letland
Mali	Mali
Nicaragua	Nicaragua
Norwegen	Norge
Polen	Polen
Rumänien	Rumænien
Senegal	Senegal
Spanien	Spanien
Venezuela	Venezuela
Vietnam	Vietnam

Länder #2
Lande #2

Albanien	Albanien
Äthiopien	Etiopien
Frankreich	Frankrig
Griechenland	Grækenland
Haiti	Haiti
Irland	Irland
Jamaika	Jamaica
Japan	Japan
Kenia	Kenya
Laos	Laos
Liberia	Liberia
Mexiko	Mexico
Nepal	Nepal
Nigeria	Nigeria
Pakistan	Pakistan
Russland	Rusland
Sudan	Sudan
Syrien	Syrien
Uganda	Uganda
Ukraine	Ukraine

Literatur
Litteratur

Analogie	Analogi
Analyse	Analyse
Anekdote	Anekdote
Autor	Forfatter
Beschreibung	Beskrivelse
Biographie	Biografi
Dialog	Dialog
Erzähler	Fortæller
Fiktion	Fiktion
Gedicht	Digt
Metapher	Metafor
Poetisch	Poetisk
Reim	Rim
Rhythmus	Rytme
Roman	Roman
Schlussfolgerung	Konklusion
Stil	Stil
Thema	Tema
Tragödie	Tragedie
Vergleich	Sammenligning

Mathematik
Matematik

Arithmetik	Aritmetik
Bruchteil	Brøk
Dezimal	Decimal
Division	Division
Dreieck	Trekant
Durchmesser	Diameter
Exponent	Eksponent
Geometrie	Geometri
Gleichung	Ligning
Kugel	Sfære
Parallel	Parallel
Parallelogramm	Parallelogram
Polygon	Polygon
Quadrat	Firkant
Radius	Radius
Rechteck	Rektangel
Summe	Sum
Symmetrie	Symmetri
Umfang	Omkreds
Winkel	Vinkler

Meditation
Meditation

Annahme	Accept
Atmung	Vejrtrækning
Aufmerksamkeit	Opmærksomhed
Bewegung	Bevægelse
Einblick	Indsigt
Freundlichkeit	Venlighed
Frieden	Fred
Gedanken	Tanker
Geistig	Mental
Glück	Lykke
Klarheit	Klarhed
Mitgefühl	Medfølelse
Musik	Musik
Natur	Natur
Perspektive	Perspektiv
Ruhig	Rolig
Stille	Stilhed
Verstand	Sind
Wach	Vågen

Menschlicher Körper
Menneskekroppen

Bein	Ben
Blut	Blod
Ellbogen	Albue
Finger	Finger
Gehirn	Hjerne
Gesicht	Ansigt
Hals	Hals
Hand	Hånd
Haut	Hud
Herz	Hjerte
Kiefer	Kæbe
Kinn	Hage
Knie	Knæ
Knöchel	Ankel
Kopf	Hoved
Mund	Mund
Nase	Næse
Ohr	Øre
Schulter	Skulder
Zunge	Tunge

Messungen
Målinger

Breite	Bredde
Byte	Byte
Dezimal	Decimal
Gewicht	Vægt
Grad	Grad
Gramm	Gram
Höhe	Højde
Kilogramm	Kilogram
Kilometer	Kilometer
Länge	Længde
Liter	Liter
Masse	Masse
Meter	Meter
Minute	Minut
Quart	Kvart
Tiefe	Dybde
Tonne	Ton
Unze	Ounce
Zentimeter	Centimeter
Zoll	Tomme

Mode
Mode

Bescheiden	Beskeden
Boutique	Boutique
Einfach	Simpel
Elegant	Elegant
Erschwinglich	Overkommelig
Kleidung	Tøj
Komfortabel	Komfortabel
Minimalistisch	Minimalistisk
Modern	Moderne
Muster	Mønster
Original	Original
Praktisch	Praktisk
Spitze	Blond
Stickerei	Broderi
Stil	Stil
Stoff	Stof
Tasten	Knapper
Teuer	Dyrt
Textur	Tekstur
Trend	Trend

Musik
Musik

Album	Album
Ballade	Ballade
Chor	Kor
Harmonie	Harmoni
Harmonisch	Harmonisk
Improvisieren	Improvisere
Instrument	Instrument
Klassisch	Klassisk
Lyrisch	Lyrisk
Melodie	Melodi
Mikrofon	Mikrofon
Musical	Musikalsk
Musiker	Musiker
Oper	Opera
Poetisch	Poetisk
Rhythmisch	Rytmisk
Rhythmus	Rytme
Sänger	Sanger
Singen	Synge
Tempo	Tempo

Musikinstrumente
Musikinstrumenter

Banjo	Banjo
Cello	Cello
Fagott	Fagot
Flöte	Fløjte
Geige	Violin
Gitarre	Guitar
Gong	Gong
Harfe	Harpe
Klarinette	Klarinet
Klavier	Klaver
Mandoline	Mandolin
Marimba	Marimba
Mundharmonika	Harmonika
Oboe	Obo
Posaune	Basun
Saxophon	Saxofon
Schlagzeug	Perkussion
Tamburin	Tamburin
Trommel	Tromme
Trompete	Trompet

Mythologie
Mytologi

Archetyp	Arketype
Blitz	Lyn
Donner	Torden
Eifersucht	Jalousi
Held	Helt
Katastrophe	Katastrofe
Kreation	Skabelse
Kreatur	Væsen
Krieger	Kriger
Kultur	Kultur
Labyrinth	Labyrint
Legende	Sagn
Magisch	Magisk
Monster	Uhyre
Rache	Hævn
Stärke	Styrke
Sterblich	Dødelig
Triumphierend	Triumferende
Unsterblichkeit	Udødelighed
Verhalten	Adfærd

Natur
Natur

Arktis	Arktisk
Berge	Bjerge
Bienen	Bier
Dynamisch	Dynamisk
Erosion	Erosion
Fluss	Flod
Friedlich	Fredelig
Gletscher	Gletsjer
Heiter	Fredfyldte
Laub	Løv
Lebenswichtig	Afgørende
Nebel	Tåge
Schönheit	Skønhed
Tiere	Dyr
Tropisch	Tropisk
Wald	Skov
Wild	Vild
Wolken	Skyer
Wüste	Ørken

Obst
Frugt

Ananas	Ananas
Apfel	Æble
Aprikose	Abrikos
Avocado	Avocado
Banane	Banan
Beere	Bær
Birne	Pære
Brombeere	Brombær
Himbeere	Hindbær
Kirsche	Kirsebær
Kiwi	Kiwi
Kokosnuss	Kokosnød
Melone	Melon
Nektarine	Nektarin
Orange	Orange
Papaya	Papaya
Pfirsich	Fersken
Pflaume	Blomme
Traube	Drue
Zitrone	Citron

Ozean
Ocean

Aal	Ål
Auster	Østers
Boot	Båd
Delfin	Delfin
Fisch	Fisk
Garnele	Reje
Gezeiten	Tidevand
Hai	Haj
Koralle	Koral
Krabbe	Krabbe
Krake	Blæksprutte
Qualle	Vandmand
Riff	Rev
Salz	Salt
Schildkröte	Skildpadde
Schwamm	Svamp
Sturm	Storm
Thunfisch	Tun
Wal	Hval
Wellen	Bølger

Ökologie
Økologi

Art	Art
Berge	Bjerge
Dürre	Tørke
Fauna	Fauna
Flora	Flora
Freiwillige	Frivillige
Gemeinschaft	Fællesskaber
Global	Global
Klima	Klima
Lebensraum	Habitat
Marine	Marine
Nachhaltig	Bæredygtig
Natur	Natur
Natürlich	Naturlig
Pflanzen	Planter
Ressourcen	Ressourcer
Sumpf	Mose
Überleben	Overlevelse
Vegetation	Vegetation
Vielfalt	Mangfoldighed

Pflanzen
Planter

Bambus	Bambus
Baum	Træ
Beere	Bær
Blume	Blomst
Blütenblatt	Kronblad
Bohne	Bønne
Botanik	Botanik
Busch	Busk
Dünger	Gødning
Efeu	Vedbend
Flora	Flora
Garten	Have
Gras	Græs
Kaktus	Kaktus
Kraut	Urt
Laub	Løv
Moos	Mos
Vegetation	Vegetation
Wald	Skov
Wurzel	Rod

Philanthropie
Filantropi

Brauchen	Behov
Ehrlichkeit	Ærlighed
Finanzieren	Finansiere
Gemeinschaft	Fællesskab
Geschichte	Historie
Global	Global
Grosszügigkeit	Generøsitet
Gruppen	Grupper
Jugend	Ungdom
Kinder	Børn
Kontakte	Kontakter
Menschen	Mennesker
Mission	Mission
Mittel	Midler
Nächstenliebe	Velgørenhed
Öffentlich	Offentlig
Programme	Programmer
Spenden	Donere
Ziele	Mål

Physik
Fysik

Atom	Atom
Beschleunigung	Acceleration
Chaos	Kaos
Chemisch	Kemisk
Dichte	Tæthed
Elektron	Elektron
Experiment	Eksperiment
Formel	Formel
Frequenz	Frekvens
Gas	Gas
Geschwindigkeit	Hastighed
Magnetismus	Magnetisme
Masse	Masse
Mechanik	Mekanik
Molekül	Molekyle
Motor	Motor
Nuklear	A
Partikel	Partikel
Universal	Universel
Variable	Variabel

Psychologie
Psykologi

Bewertung	Vurdering
Bewusstlos	Bevidstløs
Ego	Ego
Einflüsse	Påvirkninger
Gedanken	Tanker
Ideen	Ideer
Kindheit	Barndom
Klinisch	Klinisk
Kognition	Kognition
Konflikt	Konflikt
Persönlichkeit	Personlighed
Problem	Problem
Sensation	Sensation
Termin	Aftale
Therapie	Terapi
Träume	Drømme
Unterbewusstsein	Underbevidst
Verhalten	Adfærd
Wahrnehmung	Opfattelse
Wirklichkeit	Virkelighed

Regierung
Regeringen

Bezirk	Distrikt
Demokratie	Demokrati
Denkmal	Monument
Diskussion	Diskussion
Freiheit	Frihed
Friedlich	Fredelig
Führer	Leder
Gerechtigkeit	Retfærdighed
Gesetz	Lov
Gleichheit	Lighed
Nation	Nation
National	National
Politik	Politik
Rechte	Rettigheder
Rede	Tale
Staat	Stat
Symbol	Symbol
Unabhängigkeit	Uafhængighed
Verfassung	Forfatning
Zivil	Civil

Restaurant #2
Restaurant #2

Abendessen	Middag
Eier	Æg
Eis	Is
Fisch	Fisk
Frucht	Frugt
Gabel	Gaffel
Gemüse	Grøntsager
Getränk	Drik
Gewürze	Krydderier
Kellner	Tjeneren
Köstlich	Lækker
Kuchen	Kage
Löffel	Ske
Mittagessen	Frokost
Nudeln	Nudler
Salat	Salat
Salz	Salt
Stuhl	Stol
Suppe	Suppe
Wasser	Vand

Säugetiere
Pattedyr

Affe	Abe
Bär	Bære
Biber	Bæver
Elefant	Elefant
Fuchs	Ræv
Giraffe	Giraf
Gorilla	Gorilla
Hund	Hund
Känguru	Kænguru
Kojote	Prærieulv
Löwe	Løve
Panther	Panter
Pferd	Hest
Ratte	Rotte
Schaf	Får
Stier	Tyr
Tiger	Tiger
Wal	Hval
Wolf	Ulv
Zebra	Zebra

Schokolade
Chokolade

Antioxidans	Antioxidant
Aroma	Aroma
Bitter	Bitter
Erdnüsse	Jordnødder
Exotisch	Eksotisk
Favorit	Favorit
Geschmack	Smag
Kakao	Cacao
Kalorien	Kalorier
Karamell	Karamel
Kokosnuss	Kokosnød
Köstlich	Lækker
Pulver	Pulver
Qualität	Kvalitet
Rezept	Opskrift
Süss	Sød
Verlangen	Trang
Zucker	Sukker
Zutat	Ingrediens

Schönheit
Skønhed

Anmut	Nåde
Charme	Charme
Duft	Duft
Elegant	Elegant
Eleganz	Elegance
Farbe	Farve
Fotogen	Fotogen
Glatt	Glat
Haut	Hud
Kosmetik	Kosmetik
Lippenstift	Læbestift
Locken	Krøller
Öle	Olier
Produkte	Produkter
Schere	Saks
Shampoo	Shampoo
Spiegel	Spejl
Stylist	Stylist
Wimperntusche	Mascara

Science Fiction
Science Fiction

Bücher	Bøger
Dystopie	Dystopi
Explosion	Eksplosion
Extrem	Ekstrem
Fantastisch	Fantastisk
Feuer	Brand
Futuristisch	Futuristisk
Galaxie	Galakse
Geheimnisvoll	Mystisk
Illusion	Illusion
Imaginär	Imaginær
Kino	Biograf
Orakel	Oracle
Planet	Planet
Realistisch	Realistisk
Roboter	Robotter
Szenario	Scenarie
Technologie	Teknologi
Utopie	Utopi
Welt	Verden

Stadt
By

Apotheke	Apotek
Bank	Bank
Bäckerei	Bageri
Bibliothek	Bibliotek
Buchhandlung	Boghandel
Flughafen	Lufthavn
Galerie	Galleri
Hotel	Hotel
Kino	Biograf
Klinik	Klinik
Markt	Marked
Museum	Museum
Restaurant	Restaurant
Salon	Salon
Schule	Skole
Stadion	Stadion
Supermarkt	Supermarked
Theater	Teater
Universität	Universitet
Zoo	Zoo

Tage und Monate
Dage og Måneder

August	August
Dezember	December
Dienstag	Tirsdag
Donnerstag	Torsdag
Februar	Februar
Freitag	Fredag
Jahr	År
Januar	Januar
Juli	Juli
Juni	Juni
Kalender	Kalender
Mittwoch	Onsdag
Monat	Måned
Montag	Mandag
November	November
Oktober	Oktober
Samstag	Lørdag
September	September
Sonntag	Søndag
Woche	Uge

Tanzen
Dans

Akademie	Akademi
Anmut	Nåde
Ausdrucksvoll	Udtryksfulde
Bewegung	Bevægelse
Choreographie	Koreografi
Emotion	Følelse
Freudig	Glædelig
Klassisch	Klassisk
Körper	Legeme
Kultur	Kultur
Kulturell	Kulturel
Kunst	Kunst
Musik	Musik
Partner	Partner
Probe	Generalprøve
Rhythmus	Rytme
Springen	Hoppe
Traditionell	Traditionel
Visuell	Visuel

Universum
Univers

Asteroid	Asteroide
Astronom	Astronom
Astronomie	Astronomi
Atmosphäre	Atmosfære
Äon	Eon
Äquator	Ækvator
Breite	Breddegrad
Dunkelheit	Mørke
Galaxie	Galakse
Hemisphäre	Halvkugle
Himmel	Himmel
Horizont	Horisont
Kosmisch	Kosmisk
Längengrad	Længde
Mond	Måne
Orbit	Kredsløb
Sichtbar	Synlig
Sonnenwende	Solhverv
Teleskop	Teleskop
Tierkreis	Zodiac

Urlaub #2
Ferie #2

Ausländer	Udlænding
Ausländisch	Udenlandsk
Camping	Camping
Flughafen	Lufthavn
Freizeit	Fritid
Hotel	Hotel
Insel	Ø
Karte	Kort
Meer	Hav
Pass	Pas
Reise	Rejse
Restaurant	Restaurant
Strand	Strand
Taxi	Taxa
Transport	Transport
Urlaub	Ferie
Visum	Visum
Zelt	Telt
Ziel	Destination
Zug	Tog

Vögel
Fugle

Adler	Ørn
Ei	Æg
Ente	And
Eule	Ugle
Flamingo	Flamingo
Gans	Gås
Huhn	Kylling
Krähe	Krage
Kuckuck	Gøg
Möwe	Måge
Papagei	Papegøje
Pelikan	Pelikan
Pfau	Påfugl
Pinguin	Pingvin
Rabe	Ravn
Reiher	Hejre
Schwan	Svane
Spatz	Spurv
Storch	Stork
Taube	Due

Wandern
Vandreture

Berg	Bjerg
Camping	Camping
Gefahren	Farer
Gipfel	Topmøde
Karte	Kort
Klima	Klima
Klippe	Klint
Müde	Træt
Natur	Natur
Orientierung	Orientering
Parks	Parker
Schwer	Tung
Sonne	Sol
Steine	Sten
Stiefel	Støvler
Tiere	Dyr
Vorbereitung	Forberedelse
Wasser	Vand
Wetter	Vejr
Wild	Vild

Wetter
Vejret

Atmosphäre	Atmosfære
Blitz	Lyn
Brise	Brise
Donner	Torden
Dürre	Tørke
Eis	Is
Himmel	Himmel
Hurrikan	Orkan
Klima	Klima
Monsun	Monsun
Nebel	Tåge
Polar	Polar
Regenbogen	Regnbue
Sturm	Storm
Temperatur	Temperatur
Tornado	Tornado
Trocken	Tør
Tropisch	Tropisk
Wind	Vind
Wolke	Sky

Wissenschaft
Videnskab

Atom	Atom
Chemisch	Kemisk
Daten	Data
Evolution	Udvikling
Experiment	Eksperiment
Fossil	Fossil
Hypothese	Hypotese
Klima	Klima
Labor	Laboratorium
Methode	Metode
Mineralien	Mineraler
Moleküle	Molekyler
Natur	Natur
Organismus	Organisme
Partikel	Partikler
Pflanzen	Planter
Physik	Fysik
Schwerkraft	Tyngdekraft
Tatsache	Faktum

Wissenschaftliche Disziplinen
Videnskabelige Disciplin

Anatomie	Anatomi
Archäologie	Arkæologi
Astronomie	Astronomi
Biochemie	Biokemi
Biologie	Biologi
Botanik	Botanik
Chemie	Kemi
Geologie	Geologi
Immunologie	Immunologi
Kinesiologie	Kinesiologi
Linguistik	Lingvistik
Mechanik	Mekanik
Mineralogie	Mineralogi
Neurologie	Neurologi
Ökologie	Økologi
Physiologie	Fysiologi
Psychologie	Psykologi
Soziologie	Sociologi
Thermodynamik	Termodynamik
Zoologie	Zoologi

Zahlen
Tal

Acht	Otte
Achtzehn	Atten
Dezimal	Decimal
Drei	Tre
Dreizehn	Tretten
Fünf	Fem
Fünfzehn	Femten
Neun	Ni
Neunzehn	Nitten
Null	Nul
Sechs	Seks
Sechzehn	Seksten
Sieben	Syv
Siebzehn	Sytten
Vier	Fire
Vierzehn	Fjorten
Zehn	Ti
Zwanzig	Tyve
Zwei	To
Zwölf	Tolv

Zeit
Tid

Gestern	I Går
Heute	I Dag
Jahr	År
Jahrhundert	Århundrede
Jahrzehnt	Årti
Jährlich	Årlig
Jetzt	Nu
Kalender	Kalender
Minute	Minut
Mittag	Middag
Monat	Måned
Morgen	Morgen
Nach	Efter
Nacht	Nat
Stunde	Time
Tag	Dag
Uhr	Ur
Vor	Før
Woche	Uge
Zukunft	Fremtid

Gratuliere

Sie haben es geschafft !!

Wir hoffen, dass euch dieses Buch genauso viel Spaß gemacht hat wie uns dessen Herstellung. Wir tun unser Bestes, um qualitativ hochwertige Spiele zu erfinden. Diese Rätsel sind auf eine clevere Art und Weise entworfen, damit sie aktiv lernen und daran Vergnügen finden.

Hat ihnen das Buch gefallen ?

Eine einfache Bitte

Unsere Bücher existieren dank der Rezensionen, die sie veröffentlichen. Können sie uns helfen indem sie jetzt eine Meinung hinterlassen ?

Hier ist ein kurzer Link, der Sie zu ihrer Bewertungsseite führt

BestBooksActivity.com/Rezension50

MONSTER HERAUSFÖRDERUNGEN !

Herausförderung 1

Bereit für ihr Bonusspiel? Wir verwenden sie ständig, aber sle sind nicht einfach zu finden. Es sind die **Synonyme** !

Notieren sie 5 Wörter, die sie in den untenstehenden Rätseln (Nummer 21, 36 und 76) entdeckt haben und versuchen sie für jedes Wort 2 Synonyme zu finden .

*Notieren sie 5 Wörter aus **Rätsel 21***

Wörter	Synonym 1	Synonym 2

*Notieren sie 5 Wörter aus **Rätsel 36***

Wörter	Synonym 1	Synonym 2

*Notieren sie 5 Wörter aus **Rätsel 76***

Wörter	Synonym 1	Synonym 2

Herausförderung 2

Jetzt, wo sie warm sind, notieren sie 5 Wörter, die sie in jedem der untenaufgeführten Rätseln entdeckt haben (Nummer 9, 17 und 25) und versuchen sie für jedes Wort 2 Antonyme zu finden. Wie viele davon können sie binnen 20 Minuten finden ?

*Notieren sie 5 Wörter aus **Rätsel 9***

Wörter	Antonym 1	Antonym 2

*Notieren sie 5 Wörter aus **Rätsel 17***

Wörter	Antonym 1	Antonym 2

*Notieren sie 5 Wörter aus **Rätsel 25***

Wörter	Antonym 1	Antonym 2

Herausförderung 3

Wunderbar, diese Monster Herausförderung  wird kein Problem für sie sein !

Bereit für die letzte Herausförderung? Wählen sie ihre 10 Lieblingswörter aus, die sie in einem Rätsel entdeckt haben und notieren sie sie unten.

1.	6.
2.	7.
3.	8.
4.	9.
5.	10.

Die Aufgabe besteht nun darin mit diesen Wörtern und in maximal sechs Sätzen einen Text herzustellen über eine Person, ein Tier oder ein Ort den sie lieben !

Tipp : sie können die letzten leeren Seiten dieses Buches als Entwurf verwenden

Ihr Schreiben :

NOTIZBUCH :

AUF BALDIGES WIEDERSEHEN !

Linguas Classics

KOSTENLOSE SPIELE GENIESSEN

GO

↓

BESTACTIVITYBOOKS.COM/FREEGAMES

www.ingramcontent.com/pod-product-compliance
Lightning Source LLC
Chambersburg PA
CBHW081708120626
46550CB00010B/3048